纺织服装高等教育"十二五"部委级规划教材

服装品牌营销案例集
国际篇(第二版)

编 著 蒋智威 万艳敏
　　　　顾彤宇 鲁 成

东华大学出版社

图书在版编目(CIP)数据

服装品牌营销案例集.国际篇/蒋智威等编著.—2版.
—上海:东华大学出版社,2011.9
ISBN 978-7-81111-932-9

Ⅰ.服… Ⅱ.①蒋… Ⅲ.①服装工业－工业企业管理－市场营销学－案例－世界 Ⅳ.F416.86

中国版本图书馆CIP数据核字(2011)第176726号

责任编辑　杜亚玲
装帧设计　陈　澜

服装品牌营销案例集

国际篇(第二版)

蒋智威　万艳敏　顾彤宇　鲁成　编著
东华大学出版社出版
(上海市延安西路1882号　邮政编码:200051)
新华书店上海发行所发行　苏州望电印刷有限公司印刷
开本:787×1092　1/16　印张:14　字数:300千字
2011年10月第2版　2014年10月第2次印刷
ISBN 978－7－81111－932－9/F·051
定价:32.00元

内容提要

本书以服装品牌营销为核心,论述了国际服装品牌历史和服装品牌案例。服装品牌历史主要介绍了法国、英国、意大利、美国等西方主要国家的服装品牌发展历史,历史发展的脉络清晰、要点明确;服装品牌案例共26例,依服装品牌运作流程展开,案例解读之事实依据严谨、理论分析透彻,可成为中国服装品牌强盛之借鉴。

本书还提供了国际服装品牌官方网站和服装品牌名词汇编两部分内容,便于读者深入解读国际服装品牌及准确理解服装品牌专业词汇的内涵。

本书不仅可以作为服装专业大专院校的教材,也可作为服装企业管理人员、营销人员的参考用书。

CONTENTS:

FASHION BRAND MARKETING CASE　服装品牌营销案例集

目录

1 国际服装品牌历史 …………………………………………………………… 003
   1.1 商品社会是一个泛品牌世界 …………………………………………… 003
   1.2 商标是品牌的外在符号 ………………………………………………… 003
   1.3 美国商标发展历程的六个阶段 ………………………………………… 004
   1.4 第一个时装设计师品牌诞生——Worth ……………………………… 008
   1.5 开创现代品牌营销管理新模式——宝洁体系 ………………………… 009
   1.6 西方主要国家服装品牌的发展历程 …………………………………… 010
   1.7 法国服装品牌发展简史 ………………………………………………… 011
   1.8 英国服装品牌发展简史 ………………………………………………… 012
   1.9 美国服装品牌发展简史 ………………………………………………… 015
   1.10 意大利服装品牌发展简史 …………………………………………… 016

2 品牌故事案例 ………………………………………………………………… 019
   2.1 GUCCI案例：杜撰一个奢侈品牌神话 ………………………………… 019

3 品牌领袖案例 ………………………………………………………………… 025
   3.1 LACOSTE案例：来自网球世界的品牌鳄鱼 …………………………… 025
   3.2 Polo Ralph Lauren案例：品牌王国的领导者——Ralph Lauren …… 029

FASHION BRAND MARKETING CASE 服装品牌营销案例集

4 品牌定位案例   037
    4.1 TOD'S案例：后来居上的奢侈品品牌   037
    4.2 Victoria's Secret案例：揭开"维多利亚的秘密"   040
    4.3 Y-3案例：跨界合作——传统运动品牌走入流行的国度   043

5 产品策略案例   049
    5.1 Hermès案例：手工——奢侈的必经之途   049
    5.2 LOUIS VUITTON案例：产品创意灵感来源   052
    5.3 H&M案例：品类管理——"平价时尚"零售店的秘密武器   056
    5.4 GAP案例：买手流程的创新开发≠营销战役的最终胜利！   060
    5.5 LOUIS VUITTON案例：应对仿制者的不同策略   064

6 价格策略案例   071
    6.1 COACH案例："能轻松拥有"的奢华品牌   071

7 品牌传播案例   077
    7.1 TOMSTORY案例：TOMSTORY的品牌理念——本、和、便、情   077
    7.2 Dolce& Gabbana案例：服饰广告的"争议效应"   081
    7.3 MIZUNO案例：MIZUNO的高尔夫之路   085
    7.4 NIKE案例：飞人乔丹——引领运动鞋的辉煌20年   088

CONTENTS:
FASHION BRAND MARKETING CASE　服装品牌营销案例集

8 品牌形象案例　093
8.1　C&A案例：C&A品牌LOGO设计的演变　093
8.2　LOUIS VUITTON案例：一个藐视伦敦的法国人　096

9 供应链管理案例　101
9.1　BENETTON案例：快速响应的品牌供应链管理　101

10 营销渠道案例　107
10.1　DONEGER案例：世界上最大的时尚商品采购代理机构　107
10.2　ZARA案例：成功的国际品牌终端网络建设　111
10.3　LEVI'S案例：网上量身定做的发展空间　113

11 品牌终端案例　119
11.1　DIESEL案例：独一无二的店铺风格　119
11.2　PRADA案例：奢侈品店中的全新购物体验　122

12 品牌资产案例　127
12.1　Giorgio Armani案例：品牌延伸——品牌资产增值的捷径　127

FASHION BRAND MARKETING CASE 服装品牌营销案例集

  12.2 GUCCI案例：血雨腥风的品牌并购 131
  12.3 LOUIS VUITTON案例：意义非凡的遗嘱 136

13 管理团队案例 141

  13.1 Valentino案例：分而治之——华伦天奴家族的痛 141
  13.2 Ermenegildo Zegna案例：伟大的家庭建立伟大的公司 143

14 品牌文化案例 149

  14.1 ECCO案例：社会责任与企业利益的完美结合 149

附录一 美国商标历史时间表 153

附录二 国际服装品牌发展年表 160

附录三 国际服装品牌官方网站 165

附录四 服装品牌名词汇编 175

1
HISTORY OF INTERNATIONAL FASHION BRAND

国际服装品牌历史

1. 国际服装品牌历史

1.1 商品社会是一个泛品牌世界

这是一个充满品牌的商品世界。作为一个社会人，我们时时刻刻处于品牌传播的包围之中。日常服饰、饮食起居、交通通信、城乡建筑、大街小巷、报刊杂志、影视传媒和互联网络……形形色色的品牌以黑色或彩色、平面或立体、静态或动态、有形或有声等形式左右着地球不同国家、不同种族、不同性别和不同年龄人的生活和文化。

除全球消费品公司重视品牌之外，政府机构、社会团体、慈善机构、公用事业、高等学府、文化艺术、体育竞技和宗教活动等都认识到创建一个强势品牌对未来事业获得成功至关重要。

那么，品牌究竟是什么？通俗意义上说，品牌是经济社会高度发展的产物。"品牌不仅是代表某个产品和服务的商标，而且还对外传递着诸如企业道德、政治、行为、形象、环保职责、员工关系，甚至企业最高领导人的个性等丰富而复杂的信息。"

1.2 商标是品牌的外在符号

商标是指工商企业为区别其制造或经营某种商品的质量、规格和特点而设计的标志。一般用文字、图形或记号，注明在商品、商品包装、招牌、广告的上面。商标通常要向国家的商标管理机关注册或登记，并取得专用权。商标在品牌中的地位非常重要，从形象上说，商标是品牌的象征物；从法律上说，商标是品牌的的法定代表人；从财务上说，商标是品牌的等价物，但是商标本身并不是品牌。

美国营销协会（American Marketing Association，简称 AMA）对品牌（brand）的定义：品牌是一种名称、术语、标记、符号或设计，或是它们的组合运用，其目的是借以辨认某个销售者或某群销售者的产品或服务，并使之同竞争对手的产品和服务区别开来。如果站在品牌建设者、所有者和管理者角度，品牌就是人们对组织、产品或服务提供的一切利益关系、情感关系和社会关系的综合体验和独特印象，是代表特定所有者权益的一种无形资产。

商标作为品牌的商业符号，其发展历程伴随国际政治、经济、文化的历史变迁而演进。现代商标已从最初以文字和图案为内容的平面形式转变为以视觉和听觉为特征的三维模式，并朝着满足于消费者的视觉、听觉、触觉、嗅觉、味觉为目标的五感体验方向发展。

1.3. 美国商标发展历程的六个阶段

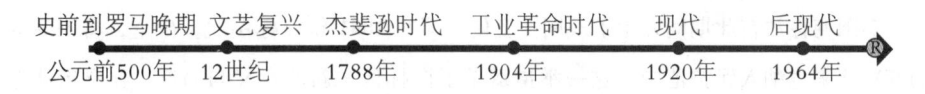

史前到罗马晚期	文艺复兴	杰斐逊时代	工业革命时代	现代	后现代
公元前500年	12世纪	1788年	1904年	1920年	1964年

图 1 美国商标历史时间表示意图

图1虽然反映的是美国商标发展的基本历程（有关详细内容参见附录1），但其轨迹粗略地刻划出世界商标演变的主要脉络。主要经历六大阶段：

第一个阶段：史前到罗马帝国晚期（公元前5000年～500年）

在这一时期，人们在陶器、石器、砖块等物品上刻有各种符号，被认为是早期商标的雏型。原始人类使用这类商标的目的可能是为了表明物品的所有权。在罗马帝国时代，各类物品上标有商标达到了全盛。

第二个阶段：文艺复兴时期商标（1200年～1699年）

从罗马帝国时期到文艺复兴时期，商标的使用很少被记载。

在文艺复兴时期，商标的效用迅速改变。为了保护消费者，商标首次被用于划分制造者。这种商标的使用能快速辨别消费商品并保护其垄断。于是，制造商的利益通过商标被极大地承认。期间，不同优势被用于广告，制造商的名誉将与商标紧紧相连。虽然法律保护商标价值是模糊不清的，但最终事实还是承认了商标资产价值。值得一提的是：1618年，英国法院受理了一个商标侵权案：一个名叫 Southern v. How 生产劣质产品的服装商首次被控告侵权。当时，他采用一个优质服装商的商标。这一事件被认作为中世纪商标与现代商业商标的分界碑，拉开了商标维权的序幕。

第三个阶段：杰斐逊时代到工业革命的商标（1700年～1899年）

具有现代意义的商标和商标法在这一时期已初现端倪。值得后人敬仰的是，1791年托马斯·杰斐逊（注：美国第三任总统，1743～1826）极力提倡在美国宪法商业条款的基础上为商标立法。1857年，法国颁发《商标法》。1862年，英国颁发《商标法》。1881年，美国通过了《商标法》。至此，商标成为合法财产，而各种品牌名称开始为消费者所熟悉。

在服装服饰业，荷兰的 C&A 1841，瑞士的百利（Bally 1851），法国的路易·威登（Louis Vuitton 1854）、爱马仕（Hermès 1856）、仙黛尔（Chantelle 1876）、黛安芬（Triumph 1886）、都彭（S. J. Dupont 1892）、朗万（Lanvin 1889）、英国的柏帛利（Burberry 1856）、登喜路（Dunhill 1893），美国的李维斯（Levi's 1883）、李（Lee 1889）、阿贝克隆比 & 费奇（Abercrombie & Fitch 1892）和锐步（Reebok 1895）等都是那一时期产物。

第四个阶段：工业革命时代商标（1900年～1919年）

美国商标法在此期间发生了戏剧性变化，即在1881年商标法的基础上，将州际间的商贸往来也纳入保护范围。这一举措赋予了商标保护新的意义与力度。在全新法令颁发后，那些已经为消费者所熟悉的公司争先恐后地赶去为他们的商标进行了注册。期间，其他国家的服装服饰商标注册也拉开了序幕，如日本的美津浓（Mizuno 1906），意大利的杰尼亚（Ermenegildo Zegna 1910）、楚沙迪（Trussardi 1911）、普拉达（Prada 1913）和芬迪（Fendi 1918）等。

第五个阶段：现代商标（1920年～1959年）

在这一时期，品牌名和新产品带来的商业利益持续增长。商标潮流紧随时代变迁的步伐。《兰哈姆法（Lanham Act）》（美国联邦商标法）为各国商标的使用和保护提供了很好的范本。

全球各国强势服装品牌在这一阶段得到了空前发展。各国服饰的代表性品牌有：

法国的夏奈儿（Chanel 1921）、Lafuma 1930、尼娜·丽姿（Nina Ricci 1932）、鳄鱼（Lacoste 1933）巴黎世家（Balenciaca 1937）、赛琳（Celine 1945）、迪奥（Dior 1946）和纪梵希（Givenchy 1952）等。

意大利的古奇（Gucci 1923）、费尔格蒙（Salvatore Ferragamo 1923）、曼克斯曼兰（MaxMara 1951）和米索尼（Missoni 1953）等

瑞典的 H&M 1947

德国的阿迪达斯（Adidas 1949）、彪马（Puma 1949）、波士（Hugo Boss 1923）

第六个阶段：后现代商标（1960 年～至今）

在后现代工业社会中，商标的表现形式开始呈现多样化特征。商标已不再拘泥于原有的有限文字和平面图案，而开始出现三维形式。借助于视觉、听觉、嗅觉等组合，商标自觉地朝着五感体验的方向演变，为体验经济时代的来临提供了更广泛的法律保护。同时，互联网制造了新的商标问题，广告也因网络发生改变。新问题牵涉到域名以及由相似组合词引起的困扰。

影响后现代工业社会的时尚潮流的服饰品牌有：

法国的瓦伦蒂诺（Valentino 1960）、伊夫·圣·洛朗（Yves Saint Laurent 1962）和索尼亚·里基尔（Sonia Rykiel 1968）

加拿大的宝姿（Ports 1961）

意大利的贝纳通（Benetton 1968）、乔治·阿玛尼（Giorgio Armani 1975）、迪塞尔（Diesel 1978）、范思哲（Versace 1978）、费雷（Gianfranco Ferré 1978）、道奇·茄巴那（Dolce & Gabbana 1985）

美国的拉尔夫·劳伦（Ralph Lauren Polo 1968）、卡尔凡·克莱恩（Calvin Klein 1968）、盖普（Gap 1969）、维多利亚的秘密（VICTORIA'S SECRET 1970）、耐克（Nike 1972）、佐丹奴（Giordano 1980）

日本的三宅一生（Issey Miyake 1970）、高田贤三（Kenzo 1970）、无印良品（Muji 1980）

西班牙的 ZARA 1975

丹麦的 ONLY 1975、JACK&JONES 1975

英国的 TIE RACK 1981、NEXT 1982、OASIS 1991

1.4. 第一个时装设计师品牌诞生——Worth

19世纪末,巴黎已成为流行服装的发源地。第一个时装设计师品牌就诞生在那里。虽然,第一个时装设计师品牌的主要市场在法国,但它的创建者却是英国人。

查尔斯·弗雷德里·沃斯(Charles Frederick Worth)改变了服装行业的游戏规则。在他来到法国之前,巴黎的服装定制裁缝师并不能创造风格或引领时尚。这些裁缝师仅仅是服装款式的快速复制者。新潮的服装样式主要来自富有顾客拿来的服装杂志或上流社会的社交场合。一般顾客自己选择各种面料和颜色,裁缝师按其喜好制作服装结构,有点像建房搭脚手架。沃斯是第一个按自己的品味影响女性消费者的服装设计师,结果成就了他成为时装设计师第一人。

1826年10月13日,沃斯出生于英国林肯郡(Lincolnshire)的伯明市(Bourne)。像今天许多著名设计师一样,如(Galliano、Gaultier、McQueen),他有一个卑微的家庭背景。当然,希望避免卑微的经历,主要通过奢华的服装和美丽的妇女是一个发展线路,贯穿时装的历史。

他是一个律师的儿子,父亲叫William Worth。当沃斯还是一个孩子时,老Worth正陷入财务困境。为了减轻家庭负担,沃斯到伦敦谋生。在Piccadilly大街(伦敦繁华的大街之一)一家名叫Swan and Edgar的布行做学徒,后来做到记账员。学徒期间,沃斯练就了对奢华面料的独特眼光,并在推销方面显示出巨大才能。20岁那年,在强烈事业心驱动下,他前往巴黎。

沃斯获得了一份在Richelieu大街83号Gagelin and Opigez女装店的工作。当时,他并不忙于专注他的客人的需要,而是为他在同一家店工作的法国新娘(Marie Vernet)设计服装。不久,顾客开始注意到沃斯设计的这些优雅作品。虽然这些款式和当时的潮流一样风格笨重，但其裁剪和色彩上带有独特的视觉冲击力。Gagelin and Opigez 女装店专为他设立一个展示其作品的小部门并赢得顾客赞誉。

然而，Gagelin and Opigez 女装店并不能让沃斯实现其商业目标。在一个名叫 Otto Bobergh 的富有而年轻的瑞典布商资助下，他建立了自己的女装店。1858 年，巴黎和平街 7 号创建了 Worth & Bobergh 女装店。虽然沃斯拥有许多知名客人，但他的重要突破是为玛特妮希公主（Princess Metternich，一位奥地利驻巴黎大使夫人）设计袍服。欧仁妮皇后在巴黎蒂伊尔里宫（Tuileries Palace）的舞会上发现了这款袍服，随即召唤沃斯为指定设计师。

很快，沃斯为全球许多最富魅力的妇女设计服装。与前辈不同，沃斯不会奉承客人，帮其客人模仿制作所看到的袍服。相反，他用更好的设计理念来提升客人的原有风貌。放弃无边女帽和克里诺林裙衬，沃斯开始围绕人体裁剪服装。虽然他的风格形成很缓慢，但却很明确。

沃斯是一个营销天才。早先，服装设计被展示在木制胸架上。沃斯是首位使用年轻有吸引力的女性给他的客人展示其作品的设计师，创造了时装模特概念。他还将其作品存放在一些时尚女性那里，深知她们会在上流社会予以传播。私下里，他轻蔑地称这些时尚女性是操作员。

普法战争期间，Worth & Bobergh 店暂停营业。1874 年，在其儿子菲利普（Jean Philipe）和高斯顿（Gaston）的协助下，沃斯重开 Maison Worth 精品时装店，并首创将服装样版贩卖给美国和英国之风。1895 年，沃斯逝世，其事业由其子孙继续经营。1900 年，推出 Worth 香水，并在伦敦设立分店。1945 年，Maison Worth 精品时装店被转售，但伦敦销售店仍沿用其名。而 Worth 香水则由其曾孙罗杰·沃斯（Roger Worth）经营。

1.5 开创现代品牌营销管理新模式——宝洁体系

20 世纪 30 年代前，品牌的管理基本沿用一般管理的方法。1931 年 5 月 31 日，一份具有历史意义的品牌营销备忘在宝洁诞生。哈佛毕业生尼尔·麦克尔罗伊（Neil McEliroy），在这份长达 3 页的备忘录中详细介绍了他的品牌管理思想，即建议公司成立一个专门负责"CAMAY"牌香皂品牌管理机构。公司总裁杜普利破例详细阅读了这份超长的备忘录（公司规定备忘录不能超过 1 页）并予以批准。于是，一份备忘录改变了宝洁的发展史，成为创建品牌管理系统的经典性文献，人称"宝洁体系"。

在宝洁体系下，品牌经理要对某一品牌的营销全权负责，其收入与该品牌业绩挂钩。由此，品牌经理会充分发挥其智慧和才能，在内外部双重竞争的压力下争取其管辖品牌获得成功。简单地说，宝洁品牌管理系统的精要就是让自己的品牌相互展开竞争，这对当时的美国工商业来说是个全新的概念。

在提出品牌管理之前，公司并不重视品牌。宝洁公司通过引进系统的品牌管理方法，证明了在进行品牌管理时，某些组织框架可能非常有效，以及包容的态度总比漠然、特别是排斥的态度要好。系统不能在一夜之间改变世界，但品牌管理逐步成为一项被认可的职能活动。截止到1967年，84%的美国大型消费类包装产品的生产企业都设立了品牌经理。

宝洁的巨大成功唤醒了包括服装企业在内的成千上万家公司竞争意识。它们纷纷效仿宝洁的做法，并因此都取得了成功。后来，麦克尔罗伊本人不仅成为宝洁公司的首席执行官，还出任过美国国防部部长。

具有现代意义的国际服装品牌发展历程起步于20世纪30年代。

1.6. 西方主要国家服装品牌的发展历程

本书附录二《国际代表性服装品牌和品牌集团发展年表》，大致构划出了西方主要国家的代表性服装品牌和品牌集团的发展脉络。主要特征如下：

1) 由于有关17世纪和18世纪的服装品牌相关资料较少，尚未缺乏形成对这一时期服装品牌产生的基本概况的详细记载，通常可视作为服装品牌产生的孕育期。

2) 19世纪以手工定制为特征的服装行业是国际服装品牌发展的重要阶段，通常可视为服装品牌产生期。

3) 19世纪末和20世纪初，由于成衣工业的迅速发展，国际服装品牌开始从奢侈品品牌建设转向普通成衣品牌。这一时期通常可视为服装品牌成长期。

4) 20世纪30年代后，特别是经过二次世界大战的洗礼，国际服装品牌发展侧重于国际化、集团化方向。通常可将其视为服装品牌扩张期。

5) 20世纪80年代后，国际服装品牌的发展走势转向本土化和资本化。通常可视其为服装品牌转型期。

6) 在国际服装品牌发展历史沿革中，下列国家或地区作出不可磨灭的贡献：

a) 法国、英国、美国和意大利的服装品牌创建历史在不同时期全面深刻地影响着国际服装品牌的发展格局，尤其在奢侈品方面处于垄断地位。

b) 在运动品牌、时尚品牌和量贩品牌方面，德国、日本、西班牙、荷兰和瑞典则形成了一定领先优势。

c) 在特定区域和经营领域产生一定影响的服装品牌主要分布于：挪威、丹麦、澳大利亚、韩国、加拿大和中国香港等国家和地区。

1.7 法国服装品牌发展简史

法国，西方服装文化的圣地，也是当今国际服装流行的发祥地。

虽然早在17世纪下半叶，路易十四致力于文化与艺术发展，使得巴黎成为当时欧洲宫廷服饰的流行中心。但是，以英国为代表的欧洲工业革命使"英国制造"成为"时尚、创意、高档"的代名词。作为区域品牌的伦敦，其时尚影响力要远远高于巴黎。这一点可以通过以下两个事例给予证明：

1) 以经营英国服饰风格为特色的Old England品牌店创建于1867年的法国，并于1886年开出了首家奢侈品店。它标志着19世纪的法国社会对英国服饰消费品的崇拜。

2) 法国最具代表的路易·威登品牌，为了扩大奢侈品的市场份额，确立其品牌的国际地位，于1885年在英国伦敦牛津街289号首开路易·威登专卖店，并以连续亏损13年的代价终于在当时竞争最激烈的伦敦市场站稳了脚跟。

自19世纪下半叶起，在沃斯等品牌的影响下，法国服装品牌历史翻开了辉煌篇章，重要的品牌有：法国的路易·威登（Louis Vuitton 1854）、爱马仕（Hermès 1856）、仙黛尔（Chantelle 1876）、黛安芬（Triumph 1886）、Le coq sportif 1882、都彭（S. J. Dupont 1892）和朗万（Lanvin 1889）等等。

进入20世纪初，在保罗·波华亥（Paul Poiret）的推动下，法国设计师品牌在不同年代得到了前所未有的发展，其中最重要的有：

20世纪20年代的可可·夏奈尔（Chanel 1921）等；

20世纪30年代的尼娜·丽姿（Nina Ricci 1932）、巴黎世家（Balenciaca 1937）等；

20世纪40年代的皮尔·巴尔曼（Pierre Balmain 1945）、玛莱·卡芬（Carven 1945）和克里斯汀·迪奥（Dior 1946）等；

20世纪50年代的皮尔·卡丹（Pierre Cardin 1950）、休伯特·德·纪梵希（Hubert de Givenchy 1952）和纪·拉罗什（Guy Laroche 1957）等；

20世纪60年代的安德烈·库雷热（André Courrèges 1961）、伊夫·圣·洛朗（Yves Saint Laurent 1962）、伊曼纽尔·温加罗（Emanuel Ungaro 1965）和索尼亚·赖基尔（Sonia Rykiel 1968）等；

20世纪70年代的蒂埃里克·米勒（Thierry Mugler 1974）、让·帕图、让·保罗·戈尔捷（Jean Paul Gaultier 1978）和克劳德·蒙塔纳（Claude Montana 1979）等；

20世纪80年代的卡尔·拉格费尔德（Karl Lagerfeld 1984）和克里斯汀·拉克鲁瓦（Christian Lacroix 1987）等。

除设计师品牌之外，20世纪30年代以来，法国在运动类、户外类、休闲类、量贩类、时尚类等领域的服装品牌建设也有突出的表现，其中重要的品牌有：Lafuma 1930、艾格（Etam1932）、鳄鱼（Lacoste 1933）、赛琳（Celine 1945）、FERAUD 1950（www.feraud.com）、Promod 1975和KOOKAI 1983等等。

1.8. 英国服装品牌发展简史

创建于1689年的艾德 & 拉文斯克洛夫特服装店（EDE & RAVENSCROFT）是英国服装定制业的典范。有着300多年历史的艾德 & 拉文斯克洛夫特服装店至今仍屹立在坚守传统的英国城镇。英国服装品牌的创业史大约可以追溯到那一时期。

当然，具有现代意义的英国服装品牌还得从19世纪的英国现状说起。

19世纪是欧洲走向现代化的世纪。作为工业革命的摇篮，英国在这一时期的发展具有两大特征：

特征之一，大不列颠被称为"世界的车间"，其经济发展异常迅速，成为世界上最富裕的国家，它的制成品占领1/2的世界市场，它的工业品占领1/3的世界市场。同期，大不列颠在技术、商业、金融方面的知识转移至欧洲各国。1870年，比利时、德国、法国和瑞士像大不列颠一样成为工业强国。在19世纪最后几年，关税壁垒使工业强国之间的争斗日益激烈，打破了它们之间的平衡。英国经济霸权的时代结束了。

特征之二，城市人口的迅猛增长成为英国社会结构的标志性特征。到了19世纪末，大不列颠成为世界上城市化程度最高的国家：10个英国人中有9人住在城市里。飞速发展的城市化带来了巨大的社会问题。为此，1844年，恩格斯写下了《英国工人阶级状况》一文。改善和保障城市人民生活的基本需求——衣食住行似乎成为整个社会的发展动因。

基于上述两大特征，英国服装品牌的历史虽产生于传统的手工定制业，但其在奢侈品品牌和不同层次的成衣品牌领域均有所建树。不同的是，英国服装品牌的发展不如法国的奢华，美国的规模和意大利的夸张。直到今天，令人困惑的是：英国拥有发达的现代工业基础，巨大成熟的消费市场，令人羡慕的大英博物馆和维多利亚&阿尔伯特博物馆，一流的时装艺术院校（CETRAL SAINT MARTINS 和 LONDON COLLEGE OF FASHION）、不断涌现的伟大设计师（查尔斯·弗雷德里·沃斯、Galliano、Gaultier、Mcqueen、Mary Quant、Vivienne Westwood）以及世界顶尖经营奢侈品为主的百货公司 Harros……但英国服装品牌的发展却滞后于法国、美国、意大利，甚至日本和西班牙。

满足、平稳、孤傲、自我或许是英国服装品牌经营者的创业心路。当然，我们必须认识如下影响英国和国际的服装品牌：

第一阶段：奢侈品牌期（19世纪中后期至20世纪初）

在这一时期，经典品牌有柏帛利（Burberry 1856）、登喜路（Dunhill 1893）、Marks & Spencer 1844~1894（英国最大服装零售商，创业初期的销售策略：所有商品只要一分钱）和 T. M. LEMIN 1898 等等。

第二阶段：低价成衣期（20世纪初至60年代）

这一时期英国服装品牌有了新发展，典型品牌有 Burton 1900（www.burton.co.uk）、F. L. CROOKS & CO. 1905、Bhs 1928、ASDA 1949、Top Shop 1964 和 New Look 1969 等等。

第三阶段：时尚成衣期（20世纪70年代至90年代）

相比意大利、美国和法国，英国在这一时期的品牌发展相对较缓慢，重要的品牌则有 Monsoon 1973、TIE RACK 1981、NEXT 1982、LK Benntt 1990、OASIS 1991 和 Reiss 2000。

1.9. 美国服装品牌发展简史

19世纪初,新英格兰的一些商人想出了主意,将做成的裤子和衬衫出售给在港口暂作停留的水手。由此,拉开了美国服装品牌发展的历史。其中,1818年创建的Brooks Brothers(布克兄弟1818)品牌代表着当时美国男装品牌的水准。

与英、法两国服装品牌发展历史不同,美国服装品牌发展源于成衣工业。下列事件对美国成衣品牌的发展产生巨大影响:

事件之一:早期妇女杂志的发行推动了美国服装流行走势,如1830年出版的《Godey's Lady's Book》和1839年出版的《Graham's Magazine》。

事件之二:19世纪40年代,成衣的需求量由于西部的淘金热而大增。

事件之三:创建于1851年的美国胜家缝纫机公司对美国成衣女装业产生影响。

事件之四:1860年,Eebenezer Butterick(1826.5.29~1903.3.31)开发了成衣纸样。

事件之五:南北战争(1861~1865)期间,美国政府规范了士兵的制服尺寸,为推进美国成衣品牌的标准尺寸奠定了基础。

下列服装品牌基本反映了美国服装品牌的发展沿革:

19世纪的服装品牌有:布克兄弟(Brooks Brothers 1818)、李维斯(Levi's 1883)、李(Lee 1889)、阿贝克隆比&费奇(Abercrombie & Fitch 1892)和锐步(Reebok 1895)

19世纪的服装品牌有:内曼马库斯(Neiman-Marcus 1907,属零售商品牌)、寇兹(Coach 1962)、奥斯卡·德拉伦塔(Oscar de la Renta 1965)、拉尔夫·劳伦(Ralph Lauren Polo 1968)、卡尔凡·克莱恩(Calvin Klein 1968)、盖普(Gap 1969)、维多利亚的秘密(VICTORIA'S SECRET 1970)、比尔·布拉斯(Bill Blass 1970)、耐克

(Nike 1972)、里兹·克莱本（Liz Claiborne 1976）、安娜苏（Anna Sui 1981）和唐那·凯伦（Donna Karan 1985）等等。

1.10 意大利服装品牌发展简史

意大利服装品牌的发展历史大约可以追溯到20世纪10年代，通常可以分为三个阶段：

第一阶段：手工初创期（20世纪10年代至30年代）

当时，意大利就有一批极具精湛手艺的手工创作者。他们主要从事包括皮包、皮鞋、手套、服装和首饰在内的手工制品工作。这批影响20世纪意大利时装业的先驱们最初多为学徒工出身，等有了一定的技术后，就拿出自己的积蓄在城市的商业街开店。"前店后作坊"是其品牌经营的雏型。画稿、驳样、选料、订制以满足有钱有势客人的需求。

当时意大利著名的品牌有：杰尼亚（Ermenegildo Zegna 1910）、楚沙迪（Trussardi 1911）、普拉达（Prada 1913）、芬迪（Fendi 1918）、古奇（Gucci 1923）和费尔格蒙（Salvatore Ferragamo 1923）等。

第二阶段：国际瞩目期（20世纪40年代后期至60年代）

由于战后经济的复苏，以意大利罗马为首的高级精品服饰因其手工精致、品质卓越、风格新颖，倍受国际奢侈品消费市场的瞩目，其中，古奇和芬迪在这一时期扮演了重要角色。

与此同时，意大利服装业为了顺应国际潮流，服装行业从手工制作向工业化转型，诞生了第一代现代服装业，企业家、设计师和品牌也随之应运而生。

最具代表的品牌有：Les Copains 1950、曼克斯曼兰（MaxMara 1951）、米索尼（Missoni 1953）、瓦伦蒂诺（Valentino 1960）、Mariella Burani 1960、杰妮（Genny 1961）和贝纳通（Benetton 1968）等。

第三阶段：Made in Italy（20世纪70年代至90年代）

在继承意大利传统服装行业精湛手工技艺基础上，在全面学习现代服装工业管理和运作模式上，自20世纪70年代起，意大利服装品牌全面崛起，米兰一跃成为国际时尚之都。标有"Made in Italy"的品牌赢得了国际认可和推崇。国际化的意大利品牌也推动了其时装设计师走向国际化。

代表国际潮流的这一时期意大利品牌有：乔治·阿玛尼（Giorgo Armani 1975）、迪塞尔（Diesel 1978）、范思哲（Versace 1978）、费雷（Gianfranco Ferré 1978）、莫思奇诺（Moschino 1980）、道奇·茄巴那（Dolce & Gabbana 1985）和Miss Sixty 1991（www.misssixty.com）等。

2
Brand
Stories
Case
Study

品牌故事案例

2. 品牌故事案例

2.1. GUCCI 案例：杜撰一个奢侈品牌神话

面临问题 如何打造一个传奇品牌？

解决方案 创建一个品牌神话体系

案例全程
1) 艾度（GUCCI 第二掌门人）的座右铭是："价格会随时间谈忘，但品质永驻人心。"他还把这句话用烫金字铸在猪皮匾额上，挂在店内。

2) 艾度还提倡"GUCCI 理念"，他认为产品风格与色彩的和谐将使产品与 GUCCI 品牌实现良好的交融。马具为 GUCCI 产品提供了源源不断的设计灵感。马鞍上的双缝线、固定马鞍用的绿红绿帆布饰带，以及源于马镫与马嚼子的马衔铁设计都成为 GUCCI 重要的商业标志。这时艾度充分发挥其商业天赋，编造出古奇家族从中世纪就是宫廷御用的专业马鞍制造商的传说——这一形象更有助于取悦和吸引上流社会人士。店面里陈列的马鞍和马术用品使得这一传说更加生动，有些样品甚至还被买走。直到今天，古奇家族和老员工们仍会说 GUCCI 很久以前就是专业的马具商了。

3) 然而 1987 年葛玛达（GUCCI 的创始人古奇欧·古奇的大女儿）曾向媒体表示："我要澄清一个事实，古奇家族从来没有制作过马具。我们是来自佛罗伦萨圣明尼亚托区的古奇家族。"根据佛罗伦萨的家族史记载，古奇家族早在 1224 年就相当显赫，先后出过多位律师和公证人。不过时尚史学家菲欧伦蒂尼认为这一根据也站不住脚，至少是经过某种程度的修饰。古奇家族的纹饰是金色的旗帜上有一个蓝色的舵轮与一朵玫瑰，背景是垂直的红蓝银三色条纹。罗贝托（GUCCI 第三掌门人）曾斥巨资研究家族纹章，并将象征着诗意与领导力的玫瑰与舵轮设计为公司商标。而 GUCCI 最早的商标是一手提着行李箱，一手挎着手袋的服务生。随着 GUCCI 不断成功，身披盔甲的骑士取代了卑微的服务生。

实施后果 1921 年，古奇欧·古奇在佛罗伦萨维尼亚努奥巴创立第一家古奇欧·古奇皮箱店（Valigeria Guccio Gucci）。产品来源主要以采购为主，辅以少量定制。在传奇的品牌故事和时尚的创意产品驱动下，经过 30 余年不懈努力，GUCCI 品牌终于成为全球消费者心目中品味、身份和地位的象征。

问题引出
1) 为什么要为 GUCCI 编造一个中世纪宫廷御用专业马鞍制造商的传说？
2) 为什么又要重新证实古奇家族显赫历史和独特家族纹章？
3) 究竟应该如何打造传奇品牌？

个案步骤
1) GUCCI 店挂着猪皮烫金字铸匾额——"价格会随时间淡忘，但品质永驻人心。"

2）编造古奇家族是中世纪宫廷御用专业马鞍制造商的传说。

3）店面陈列的马鞍和马术用品。

4）巨资研究家族纹章，并将象征着诗意与领导力的玫瑰与舵轮设计为公司商标。

5）品牌商标从提着行李箱、挎着手袋的卑微侍从，转型为身披盔甲的高贵骑士。

理论依据 劳伦斯·维森特在《传奇品牌——诠释叙事魅力，打造致胜市场战略》中是这样论述的："传奇品牌与普通品牌之间存在着根本性差异。传奇品牌通常演绎一种品牌神话，而普通品牌则没有。品牌神话利用品牌叙事传达一种世界观，一系列超越商品使用功能和认知产品特征的神圣信念。""无论是否信仰宗教，每个人都要坚持一定的神圣信念。这是自然选择给人类带来的一种生理上的奇怪结果。"而"抽象思维是神圣信仰体系的基础"。劳伦斯·维森特研究发现："品牌群体所怀有的信念通常依附于某种物质实体，该实体能够证明信念是正确的，并使得信念体系在以下几方面有效：1、被传递给下一代；2、确保品牌群体设计的原则的正确性；3、否定威胁该团体文化的竞争团体的信念。他认为：在我们的思想接受信念作为行为指导之前，我们需要某种切实的证据。""证据常以代理（言）的形式出现。代理（言）是证明世界观合理的现实证据。代理（言）不一定是人，尽管人是最具说服力的代理（言）。只要是具体的有形的事物，就可作为代理（言）。"作为品牌神话的最核心元素，品牌叙事将一种世界观和相应的物质实体发生了联系，并成为品牌创建过程中具有非凡影响力的工具。其中，特定的品牌仪式和品牌标志物是赋予传奇品牌无穷魔力的致胜法宝。

核心难点 1）如何创造一个让目标消费者接受的品牌神话？

2）如何确定品牌神话的最核心标志物和仪式？

3）如何设计品牌神话的叙事形式？

人为假设 如果GUCCI坚持采用一手提着行李箱，一手挎着手袋的服务生作为品牌的全球推广标志，那么GUCCI品牌会成为国际顶尖的时尚品牌吗？

分析结论 1）因为成功编造GUCCI品牌的家族历史——一个中世纪宫廷御用专业马鞍制造商，所以马鞍和马术用品成了GUCCI店的重要的标志物。否则就无法建立消费者心目中的品味、身份和地位的GUCCI形象。

2）因为将马鞍作为核心标志物，GUCCI就有了来自佛罗伦萨圣明尼亚托区的古奇家族身份，于是公司商标变成了玫瑰与舵轮，而品牌商标则由身披盔甲的高贵骑士代言。

学习思考 1）中国品牌需要学习一流的品牌神话包装技术；

2）中国品牌经营者必须意识到品牌发展的不同阶段需要有相适应的品牌标志物；

3）充分利用五千年中华文化遗产，创造现代品牌理念与品牌仪式和标志物的中国式品牌叙事模式。

参考文献 1）《古奇王朝——世界上最时尚家族的情感、势力与脆弱》．（美）弗登著，辛艳译．中信出版社，2005．

3
BRAND
LEADERSHIP
CASE
STUDY

品牌领袖案例

3. 品牌领袖案例

3.1. LACOSTE 案例：来自网球世界的品牌鳄鱼

面临问题 如何利用体育明星的短暂辉煌来铸就一个传奇的服装品牌？

解决方案 解决方案 LACOSTE 模式

案例全程

1) 2002 年 6 月，《拉科斯特鳄鱼传奇史》一书首次披露了由著名的"1212"衬衫和鳄鱼标志所开创的 LACOSTE 70 年传奇历史，介绍了勒内－拉科斯特凭借自己的聪明才智和革新精神创建鳄鱼品牌，并将其从一个单一的衬衫品牌发展为种类齐全的服装品牌和时尚品牌的过程，读者由此可以了解 LACOSTE 品牌无与伦比的价值及其成功的原因。

作者：Patricia Kapferer 和 Tristan Gaston-Breton

出版语种：法语，英语，日语，汉语，韩国语

2) 1927 年，René LACOSTE（勒内·拉科斯特，1904 年～1996 年）和他的"火枪手"同伴从美国人手中夺得了戴维斯杯，并于次年成功卫冕。他的名字由此被载入网球史册。

"LACOSTE"的美称是于 1927 年在网坛崭露头角的。勒内·拉科斯特对于这一绰号最终成为世界驰名品牌的过程总是津津乐道："美国报界给我的绰号'鳄鱼（LACOSTE）'，是因当年戴维斯杯赛时我同国家队队长打赌而起的。他当时许诺只要我能够在一场关键比赛胜出，就送我一只鳄鱼皮皮箱。这个深受美国观众喜爱的绰号正体现了我在球场上那种决不轻言

放弃的坚毅精神！我的朋友罗伯特·乔治还把鳄鱼标志绣在了我的比赛服上。"

3) 1933年，勒内·拉科斯特与当时法国最大的针织企业总裁安德烈-吉利埃合作创建了公司。该公司主要生产勒内·拉科斯特原先为自己设计的、带有鳄鱼标志的针织衬衫以及其他一些适合网球、高尔夫、帆船运动的衬衫。1933年公司出版的第一份产品目录详细罗列了以上各种产品。

据我们所知，拉科斯特开创了将商标标志设于服装外部的先河。这样的做法随后得到了各大品牌的纷纷仿效。

4) 1963年，勒内·拉科斯特的长子贝尔纳·拉科斯特接任公司总裁一职。

5) 1993年，与合作伙伴DEVANLAY公司重新签署全球生产合同，规定到2012年6月30日之前，全球范围内LACOSTE服装的生产由DEVAN-LAY公司独家代理。同时与DEVANLAY公司签署关于LACOSTE服装在法德销售的新合同，合同有效期至2012年6月30日。

6) 1998年3月16日，LACOSTE服装全球生产商DEVANLAY公司被MAUS家族和LACOSTE公司共同收购，分别拥有百分之九十和百分之十的股份。由此，MAUS家族也以百分之三十五的股份成为LACOSTE公司的小股东，剩下百分之六十五的股份仍然由拉科斯特家族掌控。

7) 自1999年7月1日起，LACOSTE将预定于2012年12月31日截止的LACOSTE品牌服装全球经营许可授予DEVANLAY公司，并于2000年3月将许可有效期延长至2025年。该协议涵盖所有LACOSTE服装产品的设计、生产、销售和宣传。此举旨在加强LACOSTE公司在以下方面的作用：

- LACOSTE品牌商标的注册和保护
- 市场需求调研
- 产品开发、销售、市场营销的目标确定、方式更新和管理
- 品牌对外宣传战略、广告形象发展战略、全球市场拓展战略
- LACOSTE全球经营活动的调控
- 新计划的制定和实施

8) 2005年6月，La Chemise LACOSTE更名为LACOSTE

9) 2005年8月31日，Michel LACOSTE被LACOSTE S. A董事会任命为LACOSTE董事长。Bernard LACOSTE因病辞职后，Jean-Claude FAU-

VET 和 Marc LUMET 继续担任总经理职务。Bernard LACOSTE 在 40 余年间成功领导了集团，被任命为 LACOSTE 荣誉主席。

实施后果 经过 70 余年的不懈奋斗，René LACOSTE、Bernard LACOSTE 和 Michel LACOSTE 三代人终于将 LACOSTE 从一名著名网球运动员的绰号蜕变为一个系列完整、覆盖面广、授权系统的国际著名运动服装品牌。

问题引出
1) 如何开发体育巨星的无形资产是当今掀起"体育经济"的一个重要课程。
2) 如何运用有效的品牌授权模式来推动品牌营销？

个案步骤
1) 1927 年，勒内·拉科斯特夺得戴维斯杯，名扬天下。
2) 美国报界给了他"鳄鱼（LACOSTE）"的绰号，有了 LACOSTE 品牌的雏型。
3) 勒内·拉科斯特比赛服绣有"鳄鱼"标志，使"鳄鱼"标志家喻户晓。
4) 1933 年，勒内·拉科斯特与投资人合作创建了 LACOSTE 公司，主推"鳄鱼"标志衬衫等产品。
5) 通过一系列的人事变迁和资产重组，勒内·拉科斯特及其后人成功地将"鳄鱼（LACOSTE）"绰号再造成为一个具有国际影响力的运动休闲服饰品牌。

理论依据
1) 商标在品牌中的地位非常重要。从形象上说，商标是品牌的象征物。从法律上说，商标是品牌的法定代表人。从财务上说，商标是品牌的等价物。但是，商标本身并不是品牌。

品牌就是人们对组织、产品或服务提供的一切利益关系、情感关系和社会关系的综合体验及独特印象，是代表特定所有者权益的一种无形资产。

全员品牌管理整体解决方案是以品牌组织建设、品牌形象管理、品牌资产管理为目的制定的，由一系列策略构成的整体行动计划；并形成一整套具有可衔接性、可扩展性、可复制性的系统文件。

在品牌建设中，企业的最高管理者需要在"以人为本"的指导思想下把握好六个关键点。首先，消费者的本性是欲望，能力是消费，所以不断地刺激消费者的消费欲望并满足其变化的消费能力是品牌组织建设的第一个关键点。其次，企业家的本性是创造，能力是资源整合，所以发挥企业家的创造力和驾驭资源的能力是品牌组织建设的第二个关键点。第三，投资家的本性是投机，能力是风险控制，所以给投资家一个清晰的判断机会和风险可控的商业计划是品牌组织建设的第三个关键点。第四，商人的本性是把握机会，能力是快速响应，所以与商人从头建立高效的沟通平台和利益分配体系是品牌组织建设的第四个关键点。第五，职业经营人的本性是执行，能力是团队管理，所以给职业经理人一个明确的目标并赋予权力是品牌组织建设的第五个关键点。第六，知识员工的本性是自我实现，能力是专业技能创造性的发挥，所以为知识员工创造一个合适的企业文化和构建学习型组织是品牌建设的第六个关键点。

2）品牌形象管理本质上是品牌化组织成员之间的沟通管理，沟通管理的目的是达到预期的认知。沟通管理要从三个方面考虑。第一是形象定位，包括产品形象、企业形象、企业家形象、事业形象等。第二是客户的认知，包括价值观、偏好、需求等。第三是媒介选择，这一点非常重要，因为媒介选择直接关系着大笔的资金投入。

对于品牌资产管理公司而言，其收入来源包括两方面：一是仿效风险投资基金管理的方式，收取固定的管理费，二是从品牌资产经营的收益中进行利润分成。品牌资产经营收益包括品牌许可收入、特许经营收入、品牌资产投资收入等，也包括品牌联盟产生的收益。

3）作为社会的一种器官的企业，其目的概括地讲就是：创造顾客。市场不是由上帝、大自然或各种经济力量所创造，而是由工商人士创造的。当顾客在获得能满足他所需要的事物以前，企业所能满足的需要可能已经为顾客感觉到。

核心难点 1）如何制造、发现和挖掘社会名流、名模名师、影视明星、体育明星、虚构人物的标志化关键元素？

2）如何将这些关键元素包装为一个具有国际影响力的品牌？

人为假设 如果没有勒内·拉科斯特勇夺戴维斯杯，如果没有美国报界给勒内·拉科斯特起的绰号——"鳄鱼"，如果没有勒内·拉科斯特将"鳄鱼"标志绣在比赛服上，如果没有勒内·拉科斯特与投资人合作创建 LACOSTE 公司，主推"鳄鱼"品牌衬衫等产品，那么今天的 LACOSTE 品牌是否还能诞生？

分析结论 1）在现实生活中，鳄鱼形象具有强大、凶猛、珍贵的特质，赋予"鳄鱼"品牌以强势、坚毅、财富的象征。

2）"鳄鱼"绰号体现了勒内·拉科斯特在网球运动中决不轻言放弃的坚毅精神。勒内·拉科斯特将"鳄鱼"精神符号化——"鳄鱼"绣标。

3）在 LACOSTE 公司经营运作中，勒内·拉科斯特以鳄鱼般胆识成功缔造了

LACOSTE 休闲运动帝国。

学习思考 在大国崛起的征程中，中国能否创建缔造 LACOSTE 般的国际强势品牌？

参考文献
1) www.lacoste.com.cn
2) 《CEO 品牌之道——源于心，成于行》. 杨曦沦著. 华夏出版社, 2007.
3) 《彼得·德鲁克管理思想全集》. 赵雪章编译. 中国长安出版社, 2006.

3.2. Polo Ralph Lauren 案例：品牌王国的领导者——Ralph Lauren

面临问题 品牌领导者该如何作为？

解决方案 拉尔夫·劳伦的作为涵盖了：价值观念、时尚品位、品牌理念、产品研发、销售渠道、品牌延伸、营销团队等各个方面。

案例全程

1) 拉尔夫·劳伦，也就是拉尔夫·里夫希茨，是他自己创造力的产物，……他的经历同时也是身份的商品化过程，是高雅上流社会符号的民主化过程，是豪华消费品推销策略不断完善的过程，也是依靠"生活方式"的概念来推销产品、品牌全球化策略并使国际时装界全面美国化等做法不断取得成功的过程。

2) "我给人带来的是一个梦想"，他（拉尔夫·劳伦）说："是你最渴望得到的世界，你穿的就是最适合的服装。我看到了整体的感觉，而不仅仅是一条裤子或一件衣服本身。万事万物都与其他事物有所联系，不可分割。我设计的东西融入于生活之中，是生活的方式。"

3) 拉尔夫说，他的商标名称又要有运动色彩，又要保持高贵典雅。……其实挑选哪个词的关键在于商品定位，……Polo 有一种"国际性的品质，欧洲的感觉，也有高贵的感觉"，Polo 还有"时尚的气氛，所以它是在运动中混杂了时尚和生活方式"。四个字母的组合包含了拉尔夫追求的全部。"一个小标记，"他说，"有魅力、国际化，还有点儿花花公子的感觉，去参加马球比赛的都是温文尔雅的人物。一切就这样开始了。"

4) 置身于帝国大厦一间没有窗户、面积很小的办公室里，拉尔夫开始用他在推销员生涯里学到的方法给记者讲述它们（领带）背后的故事。他可不是想推销商品，他相信商品中蕴含的意义。而且，他深知该在什么人身上下功夫：记者，更理想的人是零售商。"关键在于你买东西的地方，"他说，"不同的商店赋予商品不同的内涵，有的正确，有的错误。我需要打入一些很好的商店，而不是普通的市场……我推动的是一种品位，纯粹是感觉。"……拉尔夫能做出这种论断实在了不起，因为当时他的全部生意不过是一只装满领带的抽屉。

5) 1970 年 9 月，他第一次获得了科蒂奖，从而使他的影响力进一步得到了承认。……拉尔夫想要什么呢？"一个完全属于设计师个人的店铺，能代表他的观点，除了商品之外，还要具备相应的气氛和空间，让人放松地购物。"这个想法非常新颖，没有一家百货商店会单独辟出一个店铺，专门卖某个人出品的东西，闻所未闻！零售业没有过这种先例。

6) 1973年他已经破产了,但他的品位这么高超,大家都愿意支持他继续下去。(支持者包括:布鲁明代尔百货商场、尼曼－马科斯商场、希尔顿公司等,支持的方法是商场打破惯例为各季订货提前付款等)

7) 把针织衫的生产转移到中国(香港)带来了巨大的利益。单是这一种商品,就扭转了整个公司的局面。……"我(彼得·斯特罗姆)和拉尔夫在一点上达成了共识——他对此尤其坚定——就是所有的特许经营商品都必须保证质量。……只有这样才能保证品牌形象。"

8) 拉尔夫是我们的英雄,我们对他描绘的未来坚信不移。我们是他的兵。事业非常耗神,你被彻底吸引。那真是个美丽的地方,到处都是斜纹软呢,条纹面料和格子呢,还有漂亮姑娘和奢侈的消费,办公室就像爬满工蜂的蜂窝。

9) 无论有多成功,拉尔夫都不会满足。"他去布鲁明代尔百货商场不是为了享受他的成功,而是到其他品牌的店里去看人家买的东西,"Polo的销售主管马蒂·斯塔夫说"要确认别人生产的东西都没有他的好。一旦别人有什么产品超过他,他就必须立刻自己设计生产出更好的。"

实施后果
1) 创立于1968年的Polo象征着时尚界的顶级产品。

2) 拉尔夫·劳伦给自己塑造的形象和市场营销的手段都是别人无法比拟的。什么都阻止不了他,没有受过专业训练、缺乏经验都不是障碍。

3) Polo进入纽约的布鲁明代尔百货商场的旗舰店,时装业的最前线;进入了德克萨斯州达拉斯上层阶级的百货商店尼曼－马科斯;进入了纽约第五大街萨克思商场。

4) 1971年9月,耗资85000美元的第一个拉尔夫·劳伦专卖店在布鲁明代尔百货商场的主要销售楼层北端开张了。1972年5月,拉尔夫的全系列女装正式上市后,在布鲁明代尔百货商场的旗舰店又开设了一家衬衫专卖店。

5) 1971年9月,拉尔夫·劳伦的第一家Polo独立专卖店,坐落在比弗利山庄的竞技路,面积达到3000平方米。这是美国设计师拥用的第一家完全独立的个人店铺。

6) 1976年,拉尔夫·劳伦与华纳合作,成立了华纳－劳伦有限公司,生产和销售Polo牌香水,1978年3月,男士香水Polo、女士香水Lauren上市立刻取得成功。

7) 1986年4月21日,纽约麦迪逊大街瑞恩兰德大厦的Polo专卖店盛大开张,《纽约时报》说它是拉尔夫"终极梦想的家园"。拉尔夫本人因此达到了公认的美国成就榜的顶峰。

8) 拉尔夫·劳伦建筑了一个50亿美元的商业中心,一个自己的时尚帝国。

问题引出
拉尔夫·劳伦之于Polo品牌的作用?

个案步骤
依据个人价值观和对时尚的认知,拉尔夫·劳伦率先推出了宽领带,并由此创立了Polo品牌,品牌定位依赖于拉尔夫·劳伦的高超品位,并建立了与之相符的销售渠道,品牌迅速扩张,建立特许经营体系,成为集男装、女装、童装、家具用品、配饰、香水于一体的全球化的品牌。同时也确立了拉尔夫·劳伦在在Polo时尚帝国的绝对领导地位。

理论依据
领导理论学派的"领导方式连续统一体理论":这是一种权变领导理论。按照领导者运用职权的程度和下属享有自主权的程度把领导模式视作一个连续带,以高度集权、严密控制为其左端,以高度放手、间接控制为其右端,当然这两个极端之间也不是绝对的,有一定的限度。1) 领导模式的选择。采用何种领导模式以及何种领导模式可行,可参考以下因素:领导者方面的因素,下属方面的影响因素,环境方面的影响。2) 结论。一个成功的领导者必须敏锐地认识到在某一特定时刻影响他们行动的种种因素,准确地理解他自己、他领导的每一个人,以及组织和社会环境。一个成功的领导者必须根据上述理解和认识,确定自己的行为方式。

核心难点
1) 拉尔夫·劳伦的价值观、时尚感与高超品位的修练源自他对具有历史价值的东西的酷爱以及对WASP*的仰视。

2) 拉尔夫·劳伦的个人魅力对品牌设计、管理团队成员的凝聚力。

人为假设分析结论
Polo Ralph Lauren品牌离开了拉尔夫·劳伦是否还会有如今的辉煌成就?

1) Polo Ralph Lauren品牌每个发展决策无一不与拉尔夫·劳伦对事物的看法、追求有关,他运用领导者职权的程度达到了"领导方式连续统一体"中高度集权、严密控制的左端。

2) 拉尔夫帝国——乃至整个服装界——得以立身的基础,是一个概念:通过服装,可以将对生活方式的渴望转变为现实。

3) 离开了拉尔夫·劳伦,Polo Ralph Lauren品牌就不是现在的Polo Ralph Lauren,就不会有今日的辉煌成就。

学习思考 中国在融入国际市场时，如何创建全球化的品牌，作为品牌领导者或决策者，拉尔夫·劳伦是否成为了一个绝好的借鉴？

　　＊WASP：White Anglo–Saxon Protestant 的缩写，祖先是盎格鲁·撒克逊人的白种新教徒。

参考文献 1)《我不是时装设计师——Polo之父拉尔夫·劳伦传记》.（美）迈克尔·格罗斯著. 机械工业出版社，2004.

4
BRAND
PLACEMENT
CASE
STUDY

品牌定位案例

4. 品牌定位案例

4.1. TOD'S 案例：后来居上的奢侈品品牌

面临问题 在奢侈品王国里，传统是最让品牌们骄傲的东西。Hermès、Louis Vuitton、Chanel 在其市场推广和品牌活动中，无不全力传递同一个信息：我们是历史，我们是传奇。TOD'S 在一群"百岁老人"的环视下呱呱坠地，似乎并无遗产、传统可言，该怎么办？

解决方案 TOD'S 营销计划的成功点在于：好的品牌名，合适的代言人，满足需求的产品系列，有效的品牌宣传与准确的功能定位。

案例全程 1）第一步是取一个好名字。TOD'S 诞生（1986 年）正值意大利人痴迷英国文化之时，TOD'S 在英语中意为"机灵的、狐狸的"，一个如此俏皮的英国名字，正中意大利人下怀。

2）其次要找一个好的代言人。对奢侈品与时尚产品而言，选择代言人不仅意味着选择一张美丽或者英俊的脸，更重要的是选择那张脸所能代表的生活方式、生活态度。当 Della Valle 在 Class 杂志上浏览好莱坞明星剧照时，突发灵感，TOD'S 从此与奥黛丽·赫本这个名字结下了不解之缘。Della Valle 的推广方式简单而有效：在每一张奥黛丽·赫本的照片上，为她穿上一双 TOD'S 鞋。"我希望用一种与现代生活无关的方式来为产品说话，所以我选择了经典的、举世公认优雅而有品位的人，奥黛丽·赫本。这个广告一直流行至今。"

3）在 TOD'S 的产品系列中，大约有半数为经典款式，三成是带有时尚元素却以经典款式为基础的产品，还有两成则是时尚元素的最新体现。这样的（产品）定位能满足不同消费者的需求，同时减少了因时尚潮流变换引发的产品风险。

4）20 世纪 80 年代，Della Valle（品牌创立者）成功说服菲亚特的掌门人 Gianni Agnelli 穿上了他新创的皮鞋，TOD'S 由此打开市场，希拉里·克林顿、戴安娜王妃也都成了它的客户。Della Valle 自豪地说。对于品牌宣传，TOD'S 经常有些"新花样"。每当有新品推出，Della Valle 都会先进行市场测试，他会把新产品送给一些被誉是 style of icons 的名人——比如摩纳哥公主卡洛琳试穿，看她们是否喜欢，同时也进行了很好的免费宣传。

5）功能是最好的 Logo。TOD'S 不是一个强调产品 Logo 的公司，这一点也让 DellaValle 引以为豪；同样，TOD'S 也不在乎品牌设计中存在的名师效应。

实施后果 1）TOD'S 集团是意大利最著名的皮具生产商之一，旗下拥有 TOD'S（鞋和皮具）、Hogan（鞋）、Fay（服饰）三个品牌，其最主要的业务及利润来源是 TOD'S。比起 LouisVuitton 这样的百年老店，TOD'S 显得相当年轻，然而这并不妨碍它成为全球奢侈品行业最受瞩目的骄子之一。

2）从 2000 年上市 2005 年，TOD'S 的年营业额已经翻了两番，达到 5 亿 2 千 8 百万美元，在全球共有 102 家旗舰店。根据其最新财报，TOD'S 集团 2005 年上半年营业额涨幅达 21.8%，高盛为此再度将其本年度前两季的表现评为优良。

3）对于新创的时尚和奢侈品牌来说，准确找到自己的定位是成功的首要条件。所谓定位，最直接的说法是划分市场空间。TOD'S 既不是时尚潮流的领导者，也不是传统经典的秉承者，而是以经典风格为基础，兼有时尚元素，重在品质和功能。

4）正所谓"一招鲜，吃遍天"，当低调奢华成为市场主流的时候，TOD'S凭借不强调Logo的功能性产品打遍欧洲市场，成为广大中产人士的最爱。

5）对TOD'S来说，不强调Logo的另一个好处是能有效防止假冒。

6）在亚洲市场，奢侈品的消费者偏好炫耀性消费，LouisVuitton才会在亚洲享受顶礼膜拜。曾有人怀疑：在这里TOD'S能否风光依旧？结果市场做出了肯定性的回答，2004年，TOD'S在亚洲市场的增幅高达60%。

问题引出 品牌定位确定后，如何以营销计划保证品牌战略的实现？

个案步骤 TOD'S品牌在分析面临的主要机会与威胁、优势与劣势的基础上，制定品牌的市场营销目标、市场营销战略、市场营销措施等，形成统一的营销行为纲领。

理论依据 企业发展战略反映着企业的发展方向和宏观目标，但它仅是一个方向和目标，如果没有营销计划予以具体落实，则势必成为空中楼阁；反之，企业的营销计划，如果没贯彻、落实企业发展战略的意图，而自行其是，亦是要碰壁的，这不但可能导致营销计划的"南辕北辙"或运行中的政令不一，而且脱离了企业发展战略的营销计划，势必是无根浮萍，既缺乏根据，又可能丧失了方向感和目的性，从而，带有很大的盲目性、随意性，无法适应市场经济的发展要求。

核心难点 营销计划的制定与实施如何在品牌战略之下顺势而为？

人为假设 如果TOD'S遵循传统的奢侈品品牌发展规律，慢慢地积累，那么，我们领略TOD'S品牌风采的时间是否将在遥远的将来？

分析结论 1）无论在奢侈品品牌领域还是在其他领域，后来居上者必定有其独特的优势。

2）营销计划的精准定位是品牌战略实施的根本保障。

学习思考 1）品牌在市场上的快速提升是可以有方法的。

2）新创品牌在强手如林的市场上参与竞争可以借鉴TOD'S后来居上的营销经验。

参考文献 1）http://news.cnfol.com/050804/101,1608,1374283,01.shtml 让奥黛丽·赫本穿上TOD'S鞋 2005年08月04日 08：38 每日经济新闻 巫昕

2）《营销方法》，作者：屈云波，出版社：企业管理出版社，出版日期：2005-9

4.2. Victoria's Secret 案例：揭开"维多利亚的秘密"

面临问题 著名内衣品牌 Victoria's Secret 在 20 世纪 90 年代早期，成为美国最大的内衣品牌。然而，尽管公司的销售额突破十亿美元大关，它的成长却呈停滞态势。

解决方案 在现有市场基础上，挖掘新的目标消费群，针对他们的心理特征有意识地加以引导，通过倡导"穿出你的线条，穿出你的魅力，带着轻松舒适的享受穿出属于你的那一道秘密的风景"，培养出一群新的富有购买力的消费者。

案例全程 毕业于斯坦福商学院的罗伊·雷蒙德（Roy Raymond）于 1977 年在美国加利福尼亚州旧金山市创立了 Victoria's Secret 内衣品牌。这背后有一个故事：罗伊·雷蒙德在百货商店为妻子选购内衣时，现场没有一点私密性，售货员还不时用好奇的眼光打量他，这令生性内向的他感到非常尴尬。他想，其他男人或女人一定也和自己有同感，于是就决定自己开一家能给顾客舒适而又隐秘的购物氛围的内衣店。

罗伊借了八万美元，在旧金山南郊的一家购物中心内开出了第一间店，店内装修得像维多利亚时期的小姐闺房，生意火爆，第一年销售额就达 50 万美元。他很快就又开出了四家店。1982 年，罗伊将公司卖给了一家大型上市公司 Limited Brands。

20 世纪 90 年代早期，Victoria's Secret 开始在广告宣传与新品发布会上大量使用超级模特，一时间名声大噪，成为美国最大的内衣品牌，销售额突破十亿美元。

Victoria's Secret 在建立品牌形象时，有非常明确的目标消费群——保守的中产阶级妇女，它使得任何体形任何尺码的（但不是任何收入层次的）妇女意识到，性感并非模特和明星们的专利。

1993 年，格蕾斯·尼克斯（Grace Nichols）取代豪沃德·格劳斯（Howard Gross）成为公司总裁。她致力于改进产品质量，既保持中产阶级的文雅，又展示大胆的性感，使其与高昂的标价相匹配。同时，尼克斯将三十至四十岁的年纪较长的妇女作为公司的重点目标消费群加以关注，大力宣扬这一年龄层的女士不必为穿着性感内衣而感到不自在，然而公司的广告宣传使用的还是清一色的丰腴性感的年轻模特。公司在尼克斯的带领下，又一次进入快速增长期。

实施后果 2004 年，Victoria's Secret 营业额近 28 亿美元，即每分钟销售量达到惊人的 600 件，成为风靡全球的内衣品牌。Victoria's Secret 以其高贵而又妩媚，性感却又天真的风情紧紧地抓住了消费者的心，不论是男人还是女人，都将其作为购买内衣礼物的首选品牌。

问题引出 Victoria's secret 是如何在目标女性消费群中树立性感形象的?

个案步骤
1) 20世纪90年代早期，Victoria's Secret 开始在广告宣传中大量使用妖娆美丽的超级模特，大力渲染品牌的性感形象。
2) 1999年，Victoria's Secret 开创性地与电视、网络等媒体合作，推出美伦美奂的内衣秀，仅网上观众就达1500万人。此后每年定期举办一场，持续维护与加强品牌的顶级性感形象。

理论依据
1) 目标市场的确定：企业根据消费者需求及消费行为进行市场细分，根据自身的力量、特长和拥有的资源，从这些市场机会中选择若干特定目标作为营销对象，规划企业经营的领域、产品投放市场的计划及范围。
2) 目标市场确定的原则：市场细分是目标市场设定和定位的前提条件；目标市场设立后，要确定与该目标消费需求相吻合的市场营销组合；通过确立目标市场和市场营销组合，才能制定合适的市场营销战略。

核心难点 Victoria's Secret 是性感的代名词，而其目标市场是貌似保守的中产阶级中年女性，需正确挖掘和分析女性的深层次心理需求，并以恰当的方式和手段唤醒并刺激这种需求。

人为假设 格蕾斯·尼克斯在将三十至四十岁的年龄层的女士作为品牌的重点目标市场加以培养时，如果起用相仿年龄的模特进行广告宣传，而非年轻貌美的模特，效果会怎样？

分析结论 恐怕不会很理想。处于三十至四十岁年龄层的女人，正是美人迟暮，对年龄特别敏感的时期。相仿年龄的模特可能会提醒他们青春已逝，好景不在。毕竟，性感年轻是每个女人内心深处的渴望，Victoria's Secret 正是抓住了女人的这种微妙心理，以极其性感撩人的广告，捕获了一个极具购买力的市场。

学习思考
1) 中国的内衣品牌如何确定自己的目标市场？
2) 如何针对目标市场进行恰当的品牌形象建设与传播？

参考文献
1) 根据 Wikipedia 百科全书网站相关资料整理
2)《服装市场营销》. 杨以雄主编. 东华大学出版社，2004

4.3. Y-3案例：跨界合作——传统运动品牌走入流行的国度

面临问题 传统运动品牌Adidas在多品牌竞争的市场中如何吸引年轻的消费者？

解决方案 一场传统品牌和知名时尚设计师的"联姻"

案例全程 2001年，Adidas希望在其运动鞋中加入时装元素，于是邀请日本著名设计师山本耀司（Yohji Yamamoto）来设计，结果全球限量5万双的Yohji Yamamoto for Adidas诞生。

实施后果 2001年，山本耀司为Adidas设计的四款鞋子佳评如潮，迅速在市场销售一空；2002年，山本耀司正式宣布与Adidas展开合作，共同打造Adidas副线品牌"Y-3"。这其中排在前面的Y代表山本耀司（Yohji Yamamoto），排在后面的3代表Adidas（经典三道杠）。Y-3迅速在时尚界流行开来，麦当娜等一批超级巨星就是最早发现和选择Y-3的人群。2006年，Adidas与山本耀司就旗下品牌Y-3系列的下一步合作事宜进行了协商，双方决定将合作合同延长至 2010 年。

问题引出
1）为什么山本耀司和 Adidas 的合作能够成功？
2）Y-3 作为 Adidas 的副线品牌为其带来了怎样的市场影响和形象变化？
3）从 Yohji Yamamoto for Adidas 到 Y-3 品牌的诞生，如何引发全球市场的追捧？

个案步骤
1）拥有六十多年历史的运动品牌（传统实用、中档），力图跨入另一流行运动市场（时尚潮流、中高档）；
2）四款 Yohji Yamamoto for Adidas 小试牛刀获得好评后，迅速成立副线品牌"Y-3"占领年轻时尚的高端运动市场；
3）Y-3 定位于引领时尚的休闲装消费者，迅速得到麦当娜等明星的肯定，明星效应的影响，在全球一起追捧，从而为双方继续合作提供了可能。

理论依据
多元文化，Crossover（跨界合作）：本意是"跨界"、"跨越"、"超越"、"交叉"和"融合"，随着时代的发展和合作的逐渐深入，Crossover 逐渐被指代为两种不同类事物的混合与交融。"跨界合作对于一个品牌最大的益处是让原本毫不相干的元素，相互渗透相互融会，从而给品牌一种立体感和纵深感。"

核心难点
1）Adidas 从一个传统的品牌形象转型为年轻时尚的形象，需要借助外界的时尚力量说服消费者；
2）从设计师和品牌的产品设计合作，到成立设计师的专属品牌，是在经过对市场的充分考察和信任基础上的。

人为假设
1）如不推出 Y-3 品牌，Adidas 在消费者心中的品牌形象是否还会和现在一样？
2）如果仅仅聘请业内的知名设计师，而不采用跨界合作的形式，Y-3 能否还取得这样的成功？

分析结论
1）Adidas 在推出 Y-3 品牌之后，不仅通过 Y-3 吸引了一批年轻的时尚潮人，也证明了传统品牌也可以走时尚路线，从而也为主牌 Adidas 的传统形象带来了新的活力。
2）Y-3 品牌能够取得成功，很大程度上是因为它将休闲和时尚结合，定位于时尚界的名流人士的日常生活和聚会装。因此也正是由于从麦当娜到木村拓哉、周杰伦都穿着 Y-3 的镜头频频出现，明星们的示范效应使这个品牌在全世界迅速传播。正是因为这种合作形式取得的巨大成功，2002 年，Adidas 又和 Stella McCartney（法国高级时尚名牌 Chloé 的首席设计师）合作推出一款限量版运动鞋：Adidas 女子系列风靡世界，双方由此合作开发 Adidas by Stella McCartney。

学习思考 1) 中国品牌可否借用这一思路，通过和国际知名时装设计师的合作取得成功？

2) 从 JilSander 联手 Puma，Karl Lagerfeld 联手 Reebok，川久保玲(Rei KAWAKUBO)联手 Nike，到山本耀司联手 Adidas，跨界合作形式是否会愈演愈烈？这样的合作形式会不会成为运动服装界中的主流？

参考文献 1) 《跨界（Crossover）、消费体验和符号诠释》，中国营销传播网

2) http://www.adidas.com/y-3/（Y-3 官方网站）

3) http://brand.ICXO.COM（世界品牌实验室）

4) http://www.bbboo.com/（新新球鞋网）

5) http:///www.Wikipedia.org（维基百科）

6) http://www.neeu.com（NEEU 奢侈品）

5
PRODUCT STRATEGY CASE STUDY

产品策略案例

5. 产品策略案例

5.1. Hermès 案例：手工——奢侈的必经之途

面临问题 当今世界，科技日新月异，社会急剧多变，传统价值观受到挑战，有着一个半世纪（150余年）历史的Hermès如何能在吸纳流行元素的同时，继承其贵族传统，保持高档高质的产品形象？

解决方案 坚持百年来的手工打造传统，通过一流的工艺制作，让世人在快节奏的现代生活中，享受精美与优雅。

案例全程 1) 手提包

Hermes以制造和分销马具用品起家，其第三代接班人Emile-Maurice Hermes在亲眼目睹马车时代的终结和汽车工业的崛起后，决定将主力产品从马鞍转到手提包，但仍坚持传统手工制作。采购人员每年从全球拍卖会上购得上等皮革，精选每一块皮革中最好的部分，每个手提包从头至尾由一位师傅缝制，并在内侧标明编号。顾客日后若需要保养维修，亦由这位师傅负责，这样做既能充分体现制作工匠对自己手艺的自豪感，更能使顾客得到独家专享的满足感。

2) 丝巾

90厘米小小一方丝巾，凝聚了该品牌的手工精神。首先，采用的材料不是一片片平滑的丝绸，而是有细直纹的丝布，用丝线梳好上轴再编织而成，不易起褶皱。有时还会在编织过程中加上暗花图案，如蜜蜂、马等。其次，Hermès坚持使用人工印制。调色师按照设计师的意图，挑选合适的颜料，每种颜色用一个特制的钢架，运用丝网印刷原理，把颜色均匀地逐一扫在丝巾上。每一方丝巾需扫上12至36种颜色。固定色彩也是一项繁琐的工作，必须经过漂、蒸、晾等程序，色彩才不会脱落。最后，卷边也不用缝纫机，全部采用手工缝制。每一条丝巾的诞生需经过一只又一只手，费时18个月。

实施后果 1) 手提包

如今定制Kelly bag（凯莉包。摩纳哥王后，原好莱坞影星Grace Kelly怀孕初期喜欢以一款Hermès手提包遮掩腹部，成为媒体镜头的焦点。后经摩纳哥王室同意，这款手提包被命名为Kelly bag）的客户，必须等上六七年才有货可取，而它的市面炒价已超过六万美元，比一辆普通小汽车还要贵！

2) 丝巾

如今Hermès的丝巾畅销全球，每38秒钟就卖出一条，无愧"丝巾之王"的美称。（英国女王伊丽莎白二世用于一款邮票上的肖像，也戴着丝巾，丝巾是Hermès专为女王设计制作的，"丝巾之王"由此得名）

Hermès 凭着对手工制作的执著，成功地赢得了人心，维系住顶级名牌的身份，并将旗下产品延伸至男女时装、餐具、香水、手表等十四个系列。

问题引出
1) 在讲求高速和效率的今天，Hermès 为什么要坚持其手工制作传统？
2) 手工打造对于顶级品牌消费者的价值和意义是什么？

个案步骤
1) 手提包：采购上等皮革→精选最好部分→每一只包由一位工匠完成所有缝制工作→在皮包内侧注明制作工匠的代号→由同一位工匠负责维修。
2) 丝巾：图案定稿→图案刻画、颜色分析及造网→颜色组合→印刷着色→润饰加工→人手收边→品质检查与包装。

理论依据
1) 产品的概念：产品是能提供给市场以引起人们注意、获取、使用或消费，从而满足某种欲望或需要的一切东西，包括有形物品和无形服务。有形物品包括能满足消费者需求的产品实体及其品质、式样、特色、包装、品牌商标等。无形服务指能够给消费者带来附加利益和心理上的满足感及信任感的售后服务、保证、产品形象等。
2) 产品差异化策略：产品差异化策略是指企业为使自己的产品有别于竞争者，而突出产品的某些特性，使其与竞争者的同类产品有明显区别，以增强产品对消费者的吸引力，巩固其产品的市场地位。

核心难点 科技进步使得大规模生产渗入到制造业的各个角落，尤其像丝巾这样工艺较简单的产品，若应用流水线生产，可以大大提高劳动生产率。同时，劳动力成本日益增长，若坚持使用人工制作，费用必然高不可攀。然而 Hermès 虽身处批量生产的 20 世纪，却反其道而行之，力挽狂澜，坚守 19 世纪的手工制作传统，并携其进入 21 世纪。

人为假设
1) 如果放弃手工制作，采用自动化、机械化的大批量生产，Hermès 还能保持其高端奢侈品的形象吗？
2) 它还能在"世界品牌实验室（WorldBrandLab）"的排行榜上位居第 150 位吗？

分析结论
1) 名品的价值在于稀少性和差异性。一条丝巾，一只手袋，其中凝结着制作工匠的精湛技艺、专注态度与宝贵时间，Hermès 产品因此如同值得收藏的艺术品，独一无二而魅力四射。消费者购买 Hermès 产品，买的不仅仅是一流的工艺制作、耐久实用的性能、简洁大方的款式，更是为了那一份独家专享的区别感。如果 Hermès 的皮具与丝巾系列放弃手工制作，采用自动化、机械化的大批量生产，则将不再具有稀少性和差异性，不能保持其高端奢侈品的形象。

2) 至于第二个假设，我们很难做出是或否的判定。作为 Fast fashion（快速时尚）代表的 H&M 与 Zara 品牌的迅速窜红及其强劲的发展势头，使我们不得不正视速度在当今快节奏社会中的地位。Hermès 如果采用大规模机器生产，有可能因丧失稀缺性而使其品牌丧失立身之本，从此一蹶不振，但也有可能因为以更多人能接受的价格和充沛的数量供应市场，而扩大其市场占有率，保持甚至提高其品牌价值。不管怎样，有一点是肯定的，Hermès 将不复作为高端奢侈品而存在。

学习思考 成功的品牌运营是建立在实实在在的产品基础上的，面对产品越来越同质化的市场，服装品牌该如何建立自己的特有优势？诗人兰波曾写道："未来的日子将会是一个以手创造的世纪。"冥冥中这句诗似乎是写给 Hermès 的。那么，在走过二十余年品牌建设的风风雨雨之后，中国的经营者们该如何让历史为现实服务，让经典为时尚添彩？

参考文献 1. 根据 www.vogue.com.cn 相关文章整理

5.2. LOUIS VUITTON 案例：产品创意灵感来源

面临问题 如何持续获取流行设计元素是品牌公司参与市场竞争的核心课题。

解决方案 建立获取流行设计元素的基本渠道和一般方法。

案例全程

1) 从材质知识中获取产品创意灵感：① 路易的父亲总是在小憩的时候传授他磨坊的手艺。他把每种木头的特性，它们的使用价值以及耐用性告诉路易。② 1835 年，路易几乎身无分文地离开了家乡，前往 400 公里外的巴黎。沿途路易靠打零工填饱肚子。期间，他报名参加了砍伐森林和整理灌木的工作，意外地丰富了其对木质的了解。

2) 从工作环境中获取产品创意灵感：在巴黎，路易从马歇尔（19 世纪早期，经营着巴黎一家有名的箱子店铺，为贵族富人外出旅行定制木箱和行李打包）的客人那里如饥似渴地获知在拉芒什海峡另一边展出的新鲜事物。倾听、谈论、了解，他急切想知道各个领域的新的发展和需要。

3) 从时尚知识中获取产品创意灵感：1856 年冬天，与布锡考特同具盛名的格扎维尔·吕埃勒开了一家名叫市政厅百货店的店铺。名流贵族们经常光顾那里，购买各式各样的商品：扇子、篷式汽车、面纱、面具、长袜、斗篷、手套、遮阳伞、帽子等。每天晚上，艾美丽（路易的妻子）都向路易描述巴黎城内的新鲜事。而且，路易每天都跟艾美丽一起看时尚杂志，比如《贵妇人》和《贵族小姐》，得以了解时尚的走势，杂志上的插图时不时激发起他的创作灵感，特别是那些有他箱子的图片。

4) 从相关专业中获取产品创意灵感：1873 年冬季的一天，在父亲的建议下，乔治穿戴整齐，几个小时以后，他们出现在和平大街 7 号，前来拜访查尔斯·弗雷德里·沃斯。沃斯也在战乱中深受其害，有太多的东西需要弥补，像威登一样，沃斯要改变生意策略，跟上时下新的流行趋势，扩大客源。路易也认同旅游的服装将是时尚的潮流，也就是对穿着优雅的要求，不仅要漂亮，而且要实用，还要适合旅行。沃斯告诉路易，他在设计一些更实用的裙装样式，比如适于旅游、骑马或是散步的更短的一些的裙子。在交谈中，沃斯预言今后的材料会更柔软。这个信息对路易非常重要，如果服装变得更柔软，那么它们将更容易折叠，更容易堆放，更容易整理，将不再需要特别的行李打理。旅行箱将包容更多的东西，这表明行李箱内部的设置和调整需要尽快改善以适应这个变化。

5) 从艺术作品中获取产品创意灵感：人们对爱德华·马奈的《草地上的野餐》争论不休。这幅描述的是一个裸体和一个半裸的女人与两个穿戴整齐的男士在草地上用餐，人们对此震撼不已，从来没有一位画家敢赤裸裸地如此表现，人们甚至认为应该将马奈送进监狱。路易注意到画中左下角的装午餐的篮子，于是他的脑海中涌现出设计野餐箱子的念头。

6) 从销售卖场中获取产品创意灵感：路易·威登经常造访服饰专柜和配饰柜台，以便跟上时尚的潮流，了解顾客的需求。

7) 从客户需求中获取产品创意灵感：路易·威登仔细地听着探险家说的每一句话，考虑到他所带物资的限制，路易向布拉扎建议一种体积小的行李床。之后，他立即设计并反复修改，最后向布拉扎示范了这个露营床的承受力，这个由木头和金属连接的框架上面是方格网状舒适的床垫。这些都内置于天然羊毛色和咖啡色相间的条纹帆布行李箱中。布拉扎为此很是惊讶，路易竟能如此理解一个探险者的需要。

8) 从竞争对手中获取产品创意灵感：路易对英国的同行保持着警惕，而这些英国的同行也很关注他的一举一动。他们推出专利产品——全皮行李箱，全皮革的质地、纸板支撑，以匹敌路易的白杨木行李箱。它的重量很轻，而且制造成本也特别的低，这款行李箱甚至在法国也卖得非常好。这对康复期的 LOUIS VUITTON 公司冲击不小，而几个月后在各大百货商场橱窗里出现的更轻的柳条支架的行李箱对路易又是当头一击。路易·威登对这款行李箱并不看好，认为它既不坚固，下雨天也不能保护好衣物，还不能防潮防尘，甚至都不能防盗。所以 LOUIS VUITTON 从不生产这种柳条架构的行李箱，尽管它非常受欢迎。

实施后果 以法国文化为背景，以消费需求为出发点，以品牌定位为原则，以市场转型为契机，以流行元素为内容，以产品品质为根本，LOUIS VUITTON 品牌成功地实践了一个国际顶级品牌的产品开发"由小变大、由弱变强"的演进历程。

问题引出
1) 路易·威登靠什么力量指引他在产品开发中不间断获取创意的设计灵感来源？
2) 路易·威登用什么方法来选择并使用所获取的流行信息？

个案步骤 建立一个对人、事、时、地、物的高度敏感性的工作方法。

理论依据 1) 经验主义学派的"事业理论"：① 基本思想：每一个组织，无论其是否为商业性的，都会形成自己的事业理论。一个清晰、一致、目标集中的事业理论是无比强大的。② 三大问题："你的业务是什么？谁是你的客户？客户认知的价值是什么？"是深刻阐明"事业理论"的三个著名问题。③ 三个假设：假设之一、组织对其所处环境的假设，社会及其结构、市场、客户和技术，即外部环境的假设决定了公司的利润来源；假设之二、组织对其特殊使命的假设，即公司使命的假设决定了哪些结果在公司的眼中是有意义的；假设之三、组织对其完成使命所需的核心竞争力的假设，即核心竞争力的假设说明公司为了保持自己的领导地位所必须具备的特长。④ 理论特点：特点之一、环境、使命和核心竞争力的假设都必须是符合现实的；特点之二、三个方面的假设必须相互协调；特点三、事业理论必须为整个组织内的成员所知晓和理解；特点之四、事业理论必须不断经受检验，任何一个事业理论必须具有自我革新的能力。

2) 产品创新理论：1996 年，英国著名管理学家贝思·罗杰斯出版一本名为《产品创新战略》的专著，为激发产品创意方法，形成新产品构想，提供了全新视角和工作流程。产品创新的核心要点如下：企业的新产品战略要有创造性。所谓的创造性是指人类描绘新生事物蓝图的思维过程，是一个新设想诞生的过程，而革新是指将优选方案转化为产品的过程，两者并不等同。贝思·罗杰斯认为有创造性的人是独立的、能够打破思维定势的，他们为人乐观，喜欢幽默也善于幽默。创造型人才不贸然下结论，他们为人乐观，喜欢想象，能面对事物的多元化而且思考缜密，其中最杰出者还善于检验自己的设想并做好一切准备把设想坚持不懈地付诸实施。

3) 流行预测技术：① 感知（Awareness）：感知能力的发展，要使生活中各种动作、想法的每一方面达到全盘敏感察觉的地步，不论这些想法有多模糊、复杂。正如用来测量地震方向、强度与持续时间的地震仪一样，经过仔细规划编写的研究过程也能侦察到流行世界的震荡起伏。消费者的每一个心愿、期望与需求都必须考虑在内。② 洞察力（Insight）：洞察力意指能贯穿表面直达问题核心的理解能力。洞察力不同于直觉，它能清楚划分各种模糊的界线，进而带来某些跨越年龄、时代、季节、尺寸、价格、阶层或性别藩篱的商品。③ 诠释（Interpretation）：诠释即通过引介其他想法，突显问题的可能解答，进而对看似模糊的关系及其效果加以解释的能力。预测工作者经常被要求从各种讯息来源推测未来趋势，并指明其中的共同要素。④ 客观性（Objectivity）：预测工作者必须有感知各种人、事、物的能力，并能不受个人的预期结果影响。由于流行对所有男女而言攸关自己的个人特色和魅力，因此评判的能力必须超越自我与个人观感。

核心难点 1) 路易·威登始终坚持寻找并持续不断优化品牌产品创意灵感来源的获取途径；

2) 路易·威登始终能敏锐捕捉所获取的点点滴滴流行情报和相关信息并借助自己的洞察力将其转化为未来品牌产品的核心竞争力。

人为假设 1837年秋，年仅16岁的路易·威登幸运地遇到了生命中有着重要意义的人——马歇尔先生。如果没有马歇尔先生当时不自觉地将路易·威登领进巴黎上流生活圈，那么路易·威登是否还能建立代表法国文化精髓的巴黎上层社会的流行信息情报源网络？

分析结论 结论只有一个：如果没有马歇尔先生的引领，路易·威登是无法达到凝练巴黎时尚文化的境界的。

学习思考 1) 作为一个专业工作者，你是否已经建立了属于自己的流行情报采集网？

2) 你是否已经形成属于自己的"事业理论"？

3) 你是采用什么预测技术获取产品创意灵感来源，感知技术？洞察力技术？诠释技术？客观性技术？

参考文献 1)《路易·威登——一个品牌的神话》. （法）博维希尼著，李爽译. 中信出版社，2006.

2)《管理思想百年脉络》. 方振邦. 人民大学出版社，2007.

3)《流行预测》. Rita Perna. 中国纺织出版社，2000.

5.3. H&M案例：品类管理——"平价时尚"零售店的秘密武器

面临问题 近年来,"平价时尚"之风愈刮愈烈。除了平价、快速外,平价时装零售商还有什么法宝来和高级时装品牌抗衡呢?

解决方案 以 H&M 为代表的很多服装连锁零售店通过增加鞋、配饰及化妆品等来扩大核心产品的范围,提供丰富多变的产品品类,让顾客总能找到属于自己的个人风格。同时还增加了针对明确目标群体的特殊专卖店。

案例全程 1) H&M 经营品类的历史扩张:

- 1947 年,H&M 在瑞典的韦斯特罗斯(Vsters)成立,时名 Hennes,瑞典语,即英文的 "hers" — "她的",销售女装。
- 1968 年,锷林·皮尔森买下位于瑞典斯德哥尔摩,专营猎枪及男装的 Mauritz Widforss 公司,从此在女装外亦开始经营男装,遂将店名改为 Hennes & Mauritz,简称 H&M。
- 1975 年,推出化妆品销售。
- 1977 年,推出青少年装。
- 1978 年,推出童装。
- 2004 年,11 月,与设计师 Karl Lagerfeld 开始合作。
- 2005 年,与设计师 Stella McCartney 开始合作。秋季推出 &denim 牛仔装系列。
- 2006 年,与荷兰设计师双人组合 Viktor & Rolf 进行设计合作。
- 2007 年,全球同步推出与麦当娜合作设计的 "M by Madonna" 女装系列。3 月,H&M 推出以 COS—Collection of Style 为名的新连锁专卖店。在英国、德国、荷兰及比利时共成立约十家 COS 专卖店。并将于秋季推出全新的家纺品牌——H&M Home。11月份，还将推出与意大利著名设计师Roberto Cavalli合作设计的秋冬系列。

如今，H&M拥有青少年装、女装、童装与男装以及配饰、内衣、睡衣及化妆品等各类概念店。产品系列包含了从现代常规服装到反映国际最新潮流的前沿时装的每个元素。

2) H&M对品类供应的计划和管理：

公司与供应商间密切合作，严格控制整个过程，同时扮演进口商、批发商和零售商的角色，尽可能减少产品经手的人数，让过程更简洁。公司力求将存货降到最低，而且让新货源源不绝。所有新点子都迅速被转化为服饰，让消费者能够快速买下上架的衣服，上街展示还属新鲜的时髦服饰。连锁专卖店每天都有新品上市，以补足消费者目前最需要的产品。H&M把衣服从设计到上架的时间压缩，最短只需三个星期，速度在业界数一数二。

每个设计理念中的现代常规服装与流行前线时装均衡地组合在一起，形成了H&M的产品系列。品种的组合根据各个市场与专卖店的顾客需求作相应调整。专卖店的规模对如何分配产品系列也有一定影响。比如，流行性强的服装要限量生产，而且可能仅在大城市专卖店销售。另一方面，现代常规服装，比如多种花色的当季款上装，将进行大批量订购并配送给更多的专卖店。公司每天都以国家及店面为单位，分析每件衣服的销售成绩，热卖产品会立刻增加生产。

H&M的化妆品每季都有更新，以配合当季流行的服装颜色。

3) H&M对货品品类的陈列和定价：

H&M的店不仅选址极为讲究，而且面积都很大，一般都在几千平方米以上，用以陈列上万种不同款式的服装，向消费者提供"一站式"购物环境。服装的摆放独具匠心，将上衣、裤子、皮包、配饰搭配放在一起，让顾客很容易一动心买走一整套东西。官方网站上还请模特示范，将当季的六七种单品，进行精心组合，穿出十几种搭配方式来。至于价格，更是低廉得让顾客买起来毫不手软，二十元的耳环手镯小饰品、七八十元的各式T恤、一两百元的连衣裙，随随便便就搬回了自家的衣橱。

实施后果 如今，H&M在28个国家拥有超过1 400家专卖店，雇员总数超过6万名。2006年的营业额为80 081百万瑞典克朗。以销售量为衡量标准，它是欧洲最大的服饰零售商。

H&M 的产品品类丰富、风格齐全，从小背心、衬衫、连衣裙、风衣、长裤、内衣、泳衣等各种服装单品到皮包、围巾、手套、耳环、项链、手镯、发卡等各类配饰，再到眼影、眉笔、唇彩等化妆品，一应俱全。

当你看上一件大牌儿的设计，又不想花那么多钱在一件裙子上，去 H&M 看看吧。当你想穿出本季的潮流，又想混搭上自己的个人风格，去 H&M 选选吧；当你很时尚、很潮流、很高档，但却还缺一件黑色的打底衫，去 H&M 淘淘吧。在 H&M，任何人都能找到适合自己的物品。

问题引出 只有具备强有力的管理和控制能力，才能提供丰富的产品品类，H&M 是如何做到的呢？

个案步骤 创意与设计—品类规划—采购与生产—物流与配送—专卖店陈列

（选款决策后，由品类规划团队根据销售预测、铺底量、适销周期、配送周期、生产周期、生产成本、目标库存结构和控制量等进行综合决策，以销定配，以配定产，计算出各款的生产量，交给采购与生产团队进行采购和生产。供应链团队根据实际入库量对预分配计划进行相应调整并生成配货计划，货进专卖店后，将各品类进行协调搭配，使商品陈列能让顾客产生购买欲望。）

理论依据 品类的定义：品类是一组独特的、易于管理的产品或服务，在满足客户需求方面被认为是相互联系的或可替代的。

品类管理：是分销商和（或）供应商从消费者的实际需求和最终用途出发，把所经营的商品分成不同类别，并把每类商品作为企业经营战略的基本活动单位进行管理的一系列相关的活动，如全面评估商品的采购、加工和储存成本、商品周转次数、服务水平，并在此基础上采取适当的品类组合和营销活动。

核心难点 "快速"的实现，需要迅速的时尚设计和源源不断的新品作为支撑。传统服装企业每年只出 2 次款，而"快速时尚（Fast Fashion）"每周都需有新货更新。传统企业一般下单量都是数以千计，"快速时尚"则 100 多件就能下单生产。

人为假设 如果 H&M 没有卓越的品类管理能力，它能取得今天的成功吗？

分析结论 H&M 在进行服装品类的扩展时，有两个基准，一是以消费对象为基准，从女装拓展到男装、童装，二是以消费者使用场合为基准，从休闲服拓展到正式服装、泳装等等，并在商品陈列、产品广告和专卖店的配置上加以配合。若没有卓越的品类管理能力，相信它一定不能取得今天的成功，而且会陷入品牌目标市场混乱、定位模糊的困境。

学习思考 在"高效率消费者反应（ECR）"的理念倡导下，越来越多的国际零售企业都在大力推行品类管理，它不仅涉及到企业的采购、商品展示和销售等关键业务活动，也是零售商开展供应链管理的关键要素。对中国的服装零售企业来说，如何对商品进行全过程管理，有效地优化商品组合，规范商品陈列，提高品类经营利润，是值得思考的问题。

参考文献
1) 根据 H&M 官方网站相关资料整理
2) 《什么是零售》. [美] 肯特等著, 爱丁等译. 电子工业出版社, 2004.

5.4. GAP 案例：买手流程的创新开发≠营销战役的最终胜利!

面临问题 服装界在进入 21 世纪后，掀起了一股年轻化浪潮，很多针对所谓 teenager（年轻人）市场的新兴服装品牌声名鹊起，一时间，GAP 被淹没在这些新品牌所制造的口碑相传的潮声中，丧失了自己的声音，感到了明显的压力，再加上作为上市企业所时刻面临的来自华尔街股票分析师的无形压力，GAP 着手改革一贯奉行的营销策略。

解决方案 1999 年 10 月，GAP 与某咨询公司签订了长达三年的买手改制合约，主要对自己的企业与产品开发团队进行全面的买手与买手企业运营模式的改制，以实现品牌的再一次发展。

案例全程
1) 首先，对公司产品研发部当时的 300 多名设计师进行了买手培训，解聘了一些著名服装设计师。
2) 接着，着手从欧洲与美国一些服装设计专业院校招收应届毕业生，进行设计小组编队。然后对他们进行买手模式下的产品开发流程与实际操作训练。

3) 对GAP旗下的三个品牌——Banana Republic（香蕉共和国）、GAP、Old Navy（老海军）——分别进行专业的买手分工，其中老海军的品牌买手分工见图。

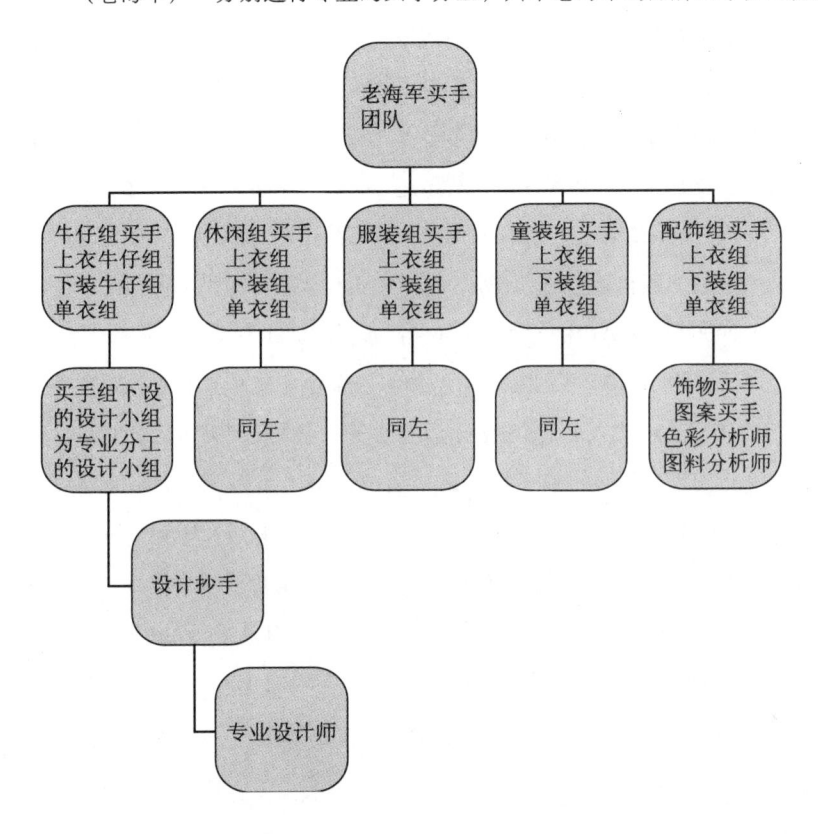

```
                        老海军买手
                          团队
    ┌──────────┬──────────┼──────────┬──────────┐
  牛仔组买手  休闲组买手  服装组买手  童装组买手  配饰组买手
  上衣牛仔组  上衣组      上衣组      上衣组      上衣组
  下装牛仔组  下装组      下装组      下装组      下装组
  单衣组      单衣组      单衣组      单衣组      单衣组
    │                                              │
  买手组下设                                      饰物买手
  的设计小组    同左        同左        同左      图案买手
  为专业分工                                      色彩分析师
  的设计小组                                      图料分析师
    │
  设计抄手
    │
  专业设计师
```

4) 上图中的"设计抄手"是该咨询公司所创买手模式下的一名全新的产品开发人员，他主要的工作是收集与利用买手下发的新产品信息，进行快速与疯狂的抄、仿、改工作，并做好下属设计师的工作分工。该咨询公司对设计抄手进行了超常的强化训练，使他们在一个月内掌握了只要看中一个畅销款，就能抄改仿出一盘货品的本事。

5) 上图中还可以看出，设计师根据其拥有的专业技能被分配在某个特定的小组内，从事服装设计的一个小部分工作，由买手主管设计师小组，这样组合起来就是一个整盘货品的概念。这样分工还有一个好处，就是快：以前GAP每个设计师因为没有买手供给信息，每年度出款的比例与工作量无法控制，年度出款数最好的也就在11000左右。改造产品开发模式后，年度出款量达到50000左右，挑选的比例一般控制在1.2∶1，节省了开发成本。

实施后果 1) GAP旗下的设计师开始潜心钻研别人的服装以及所谓的年轻潮流，逐步摒弃了GAP一直推崇的休闲风格，将注意力转向更年轻的消费者。设计风格更为潮流化、时尚化，面料也从原先的棉卡其布为主转变成使用各种化纤类的面料，色彩则从以往偏向于单纯的灰、蓝、黑、白转为使用鲜明大胆的色彩。他们设计的牛仔裤低腰紧身，上衣也不再使用宽松舒适的棉布，而改用紧裹身体的化纤类弹性布料。

2) 有一年冬天，公司发现很多当下流行的品牌都提供皮衣，因此也推出了一批皮茄克、皮裤和皮裙。结果是，GAP 不再是休闲之王了，它变得更为时尚、更为超前，但这样做不仅没有招徕更多新的顾客，反而使得原先忠诚于它的顾客避之唯恐不及，转向购买其他品牌的服装。

3) 2000 年，GAP 和老海军销售额严重滑坡。2001 年，亏损额达到 2500 万美元，由于 GAP 既没有赢得新顾客（青少年市场）的心，又丧失了老顾客（20 至 30 岁人群）的关注，两年多来，公司业绩降到了历史最低点。

4) 近三年，公司的销售收入逐年递减：2004 年为 162.7 亿美元，2005 年为 160.2 亿美元，2006 年为 159.4 亿美元。2004 年 7 月起的 31 个月中，GAP 有 29 个月同店销售额（same-store sales）呈持平或下降状态。高层纷纷离去。利润率只有 6.5%，相当于同行业均值的一半。圣诞季节本是人们疯狂采购的时候，但 2006 年 12 月同店销售额却比上一年 12 月下降了 8%。

问题引出 改制后的 GAP 产品开发流程是怎样的？

个案步骤

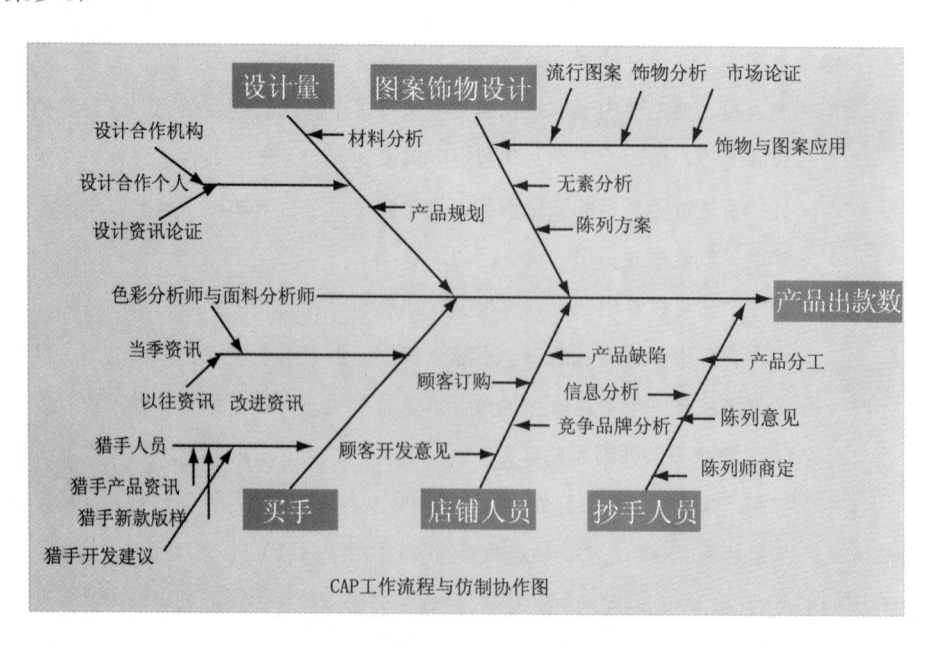

GAP工作流程与仿制协作图

理论依据 1) 时装买手的工作内容:

把握市场—预测流行趋势—参与设计环节—选择供应商下单—组织商品供货生产—监督生产和物流（跟单）—制定商品计划—终端推广—联合培训—收集销售数据，解决问题—总结经验。

2) 时装买手须具备的个人素质、资格和能力:

① 时装买手必须对时尚潮流有敏锐的触觉和丰富的知识，了解行业规范和目标客户的需求。② 他（她）需要具有良好的编制预算、计划存货和分析销售数据、财务报表的能力，一般应具备大学学历（零售管理、市场营销、工商管理、时装销售及某些文科专业）。③ 他（她）还要有与人沟通、谈判的能力。因为买手需要与方方面面打交道，包括卖方、商品管理经理、设计师、买手助理、商场管理者和销售人员等，他（她）应具备良好的口头交流技巧和书面表达能力。

3) 买手的评估指标:

销售额（每单位面积经营场地的销售量）、存货水平（包括库存周转率等）、利润结果。—根据《服饰零售采购—买手实务》相关内容整理。

4) 时装买手在企业运营流程中的作用:

从品牌运营角度而言，买手最关键的地方就是把前期的一些过程给缩短了，比如说产品的开发、设计、打样等，可以这样理解，利用买手就是把所有企业的设计都拿来采用，然后由下单的厂家来完成而已。很明显，如果省去了中间冗长的过程，买手只接触到专卖店和厂家这两个终端的话，对于减少服装库存来说是十分有利的。"我们的货物，不是陈列在店里就是在运往各地的途中。"这句话或许是对于买手这一职业在运营流程中作用的最佳表达。

核心难点 买手模式是最大化地收集市场的信息，然后运用这些信息进行产品款式的改制，以形成自己的产品风格，而不是一味的仿制。

人为假设 假如GAP没有在1999年聘请某咨询公司进行买手企业运营模式的改制，是否能避免日后数年一发不可收拾的颓势？

分析结论 由于缺乏对详细内幕的了解，我们只能就事论事地说，某咨询公司指导GAP进行买手开发流程的设计与实践在前，GAP的不良业绩表现在后。至于两者间是否有必然的因果关系，很难下定论，毕竟，由于市场环境的复杂多变，时尚产业的变幻无常，我们经常可以看到一些公司的辉煌转瞬即逝，而另一些商业明星却在一夜间诞生。但是，有一点是肯定的，买手开发模式的引进不但没有能实现 GAP 品牌的再一次发展，甚至（当消费者"在 GAP 的橱窗里找不到像 GAP 原本风格的衣服"时）模糊了品牌个性，稀释了品牌价值。

学习思考

1) 时装买手是近年来的热门话题，中国服装企业眼见着很多进入中国市场的国际品牌运用买手模式运作获得了成功，也跃跃欲试。可是，GAP 的案例告诉我们，买手模式的运用不能脱离营销学的基本法则，准确的品牌定位和满足目标消费者的需求，是尝试买手模式的中国企业需谨记在心的。

2) 买手开发模式中的抄、仿、改款涉及到法律和道德上的灰色地带，企业应把握好尺度。

参考文献

1) 根据《携手 GAP 创新买手开发流程》（刊登于 2007.7.31 "服饰导报"）整理。
2) 摘译自 GAP 2006 公司年报 与《经济学家》网络版
3) 摘译自《经济学家》网络版
4) 《中国服饰》2007.7 月刊第 62 页
5) 译自 fashion-schools.org

5.5. LOUIS VUITTON 案例：应对仿制者的不同策略

面临问题 一旦品牌拥有良好的市场份额或发展前景,品牌就必将引起竞争对手的仿制?

解决方案 不同品牌仿制者将采用不同应对策略,其中产品的推陈出新和品牌的完好维护是接受市场挑战的两大有力武器。

案例全程 1) 第一次仿制:路易一直以来担心的事情终于发生了,他的设计遭到抄袭。乔治回忆道:"LOUIS VUITTON 的箱子风行于全世界,一个手艺不精的工头离开 LOUIS VUITTON 的作坊后认为他可以凭自己的手艺推出威登式的箱子,对他以前的老板构成真正的威胁。"这种剽窃行为震撼了路易。他一向都很相信他的工人;那么以后他应该怀疑所有的人吗?路易认识到必须对这种剽窃行为进行迅速反击。然而他选择的不是采用法律手段,而是推出新的款式。他开始寻找新中的灵感。对于路易而言,不仅仅要在同行中标新立异,最重要的是成为行业中的佼佼者。

2) 第二次仿制:1876 年 LOUIS VUITTON 再一次遭遇盗版,不过路易早有准备,立即推出一种新样式:保留条纹图案,但是宽度和色调都有所变化。新编织的帆布有两种深浅栗色交替的条纹,大概 1 厘米宽。路易把这种图案在商务部进行了注册。新的行李箱立即占据了橱窗……

3) 可能的背叛:① 回到斯克里布大街,乔治很受打击,"东方特快"如同一把打开他内心深处的钥匙,他也想离开,离开法国,去国外生活,不再只做路易·威登的儿子,他想成为他自己。约瑟芬给予了他很大鼓励,他梦想着建立自己的公司,但是这不可能,于是他想到在国外经营威登事业。② 乔治去找父亲,他巧妙地向父亲解释现在斯克里布街的店面变得越来越小,应该考虑扩大,不要在法国本土实施扩建,考虑在国外的发展是明智之举。③ 路易明确拒绝。63 岁的路易把资产卖给了儿子不是为了 4 年后让他抛弃自己。两个人的立场完全对立。乔治认为父亲不信任他,不了解未来的发展趋势,路易则根本不予商量,并暗示乔治,他不能容忍背叛。④ 父子俩已经有好几个星期不说话了。路易试图抚慰儿子,把他带入自己的工作中。然而和儿子的激烈争吵让他很不安,尤其这场争吵让路易得出了一个可怕的结论:LOUIS VUITTON 公司依旧需要他。他觉得儿子是想建立 VUITTON 专卖店,而不是 LOUIS VUITTON 专卖店,甚至有可能是 GEORGE VUITTON 专卖店。绝对不行。他看到一些工人在被老板批评后扔下手上的工具离开公司。他看到一些不正直的工头在学会了所有的制作技能后做起了自己的买卖,他本应该教训一下埃米尔·哈贝克,这个家伙曾经管理过威登分公司，他后来竟试图用这个名字给自己挣钱。现在轮到了自己的儿子乔治。乔治梦想离开这艘大船，去伦敦建立一家"乔治·威登"，他还说"斯克里布街店面太狭小"……这可是玛德琳娜街最漂亮的地方，11.5米的橱窗面对着巴黎最奢华的酒店，每天迎接着来自全世界的游客。乔治是不想在这个以他父亲名字命名的公司工作，这就是真相！⑤ 于是，有一个问题困扰着他，怎么防止儿子在自己死后更改公司名字呢？他列了个公司资产负债表，意识到公司未来的发展还要依仗于专利产品。但是每次他一推出新款式，就会立即被仿制。尽管公司还不会因此被打垮，但是他要想出办法让专利产品无法被模仿。既然款式没有办法被阻止仿制，那就应该从机械原理入手，也就是在行李锁上动动脑筋。于是路易开始研制保险锁以保证这些富有客人的财物。

实施后果 通过产品的合理化设计，以一种内部装有可移动格子的箱子，路易·威登轻易地粉碎了第一次品牌产品的仿制。通过标志化产品图案纹样设计和注册保护，路易·威登又一次打击了背叛者对LOUIS VUITTON品牌的侵犯。通过思考LOUIS VUITTON品牌未来的生存空间和发展走向，路易·威登不仅将产品研制重点落在箱子的保险锁方向，而且用晚年的遗嘱（编制品牌产品目录）为LOUIS VUITTON品牌存在与发展奠定了基础。

问题引出
1) 为什么路易·威登在应对品牌仿制者采取的不是法律武器而是研发创新？
2) 为什么路易·威登在对待儿子乔治可能出现背叛LOUIS VUITTON品牌这一问题上却采用了更加强有力的手段？

个案步骤 应对品牌仿制和品牌背叛的基本工作步骤：研发新产品（产品款式、纹样图案和保险锁）——进行产品注册登记——分析公司资产负债表——得出专利产品是LOUIS VUITTON品牌的核心竞争力——编制商品目录

理论依据
1) 服装流行的第二原则：服装流行的样式与服装价格制定无关。服装流行作为一种从众行为正渗透到社会各阶层。本原则说明这样一个事实，同一个服装流行样式可以被不同层次的目标消费者所接受。
2) 关于经济学原理：由于一个经济的行为反映了组成这个经济的个人的行为，所以我们的经济学研究就从个人做出决策的四个原理开始。原理一：人们面临交替关系，即为了得到我们喜爱的一件东西，通常就不得不放弃另一件我们喜爱的东西。做出决策要求我们在一个目标与另一个目标之间有所取舍。原理二：某种东西的成本是为了得到它放弃的东西，即任何一

种东西的获取均有一个机会成本。原理三：理性人考虑边际量，即生活中的许多决策涉及到对现有行动计划进行微小的增量调整。经济学家把这些调整称为边际变动。在许多情况下，人们可以通过考虑边际量来做出最优决策。原理四：人们会对激励作反应，即由于人们通过比较成本与收益做出决策，所以成本或收益变动时，人们的行为也会改变。

3) 决策理论学派：① 马奇原则：绝大多数人类决策都是有关发现和选择令人满意的方案的，只有在例外的情况下才是有关发现和选择最优决定的。② 西蒙认为：由于组织处于不断变动的外界环境影响之下，搜集到决策所需要的全部资料是困难的，而要列出所有可能的行动方案就更加困难，况且人的知识和能力也是有限的，所以在制定决策时，很难求得最佳方案，出于经济方面的考虑，人们也往往不去追求它，而是根据令人满意的准则进行决策。具体地说，就是制定出一套令人满意的标准，只要达到或越过了这个标准，就是可行方案。这种看法，揭示了决策作为环境与人的认识能力交互作用的复杂性。

核心难点
1) 路易·威登面临着对品牌仿制或背叛行径如何回击方案的选择决策；
2) 路易·威登有能力通过 LOUIS VUITTON 品牌新品设计研发来实现对仿制者的超越。

人为假设 面对品牌的仿制和背叛，路易·威登如果采用诉诸法律的形式来实施 LOUIS VUITTON 品牌的保护，其行为结果又将对 LOUIS VUITTON 品牌发展带来什么影响？

分析结论
1) 在商品经济大环境中，市场竞争是一个普遍现象。这种现象至少与人类历史一样悠久。竞争系个人（或集团或国家）间的角逐，凡两方或多方力图取得并非各方均能获得的某些东西时，竞争就会产生。

2) 我们认为：作为时尚流行商品，由于产品技术含量不高，市场准入门槛较低，竞争者间的学习、模仿、复制甚至抄袭是一件非常平凡之事。因此，当我们重新评价 19 世纪后期路易对第一次和第二次产品仿制事件反应时，我们对其不选择采用法律手段回击产品剽窃行为表示充分理解。因为，采用法律手段回击产品剽窃行为是一种费时、花钱、伤神的活动。相反，路易选择了以不断创意研发新产品来超越竞争者，这是一种理性的选择，这是一种经济的选择，这是一种满意的选择，这是一种正确的选择。

3) 与回击产品剽窃行为的温和手段相反，路易·威登对其儿子乔治可能出现的事业背叛表现出强烈忿怒,给予了坚决制止,并最终用遗嘱的形式给予法律化。路易是有理由的:因为他已将自己的毕生心血——LOUIS VUITTON 公司资产和管理权——全部传给了儿子乔治。工作了半个世纪的 60 岁路易很希望以他名字命名的事业生生不息地延续下去。出售 LOUIS VUITTON 公司过程:1880 年 11 月 3 日,路易夫妇签署了将营业资产和租赁契约转让给儿子乔治的公证文件,并附有客人名单和斯克里布街专卖店的所有商品清单。转让的总价格 6 万法郎,其中 3 万法郎送给儿子乔治结婚成家费用,文件生效后 8 天内乔治先支付 1.5 万法郎(不计利息),另外 1.5 万法郎一年内还清。在这份资产出售公证文件中,乔治要求补充一个具有现代意义的不竞争条款:禁止威登夫妇在现有资产所在地方圆一公里的地方建另一处旅游用品公司或工厂。

学习思考

1) 中国服装市场同样面临着其产品被假冒、仿制、剽窃的恶意竞争,我们是否有能力采用 100 多年前路易的选择呢?

2) 作为经营者,我们是否已经考虑并建立自己确立事业接班人的核心标准?

参考文献

1)《路易·威登——一个品牌的神话》.(法)博维希尼著,李爽译. 中信出版社,2006.

2)《服装营销——结构与工具》. 蒋智成著. 上海:中国纺织大学出版社,2000.

3)《经济学原理》.(美)曼昆 著. 机械工业出版社,2003.

4)《管理思想百年脉络》. 方振邦. 人民大学出版社,2007.

6
PRICE
STRATEGY
CASE
STUDY

价格策略案例

6. 价格策略案例

6.1. COACH 案例:"能轻松拥有"的奢华品牌

面临问题 1) 2000年前，Coach是一个遭遇危机的老品牌，营收与获利直线下降

2) 在美国之外没什么品牌知名度

解决方案 balance magic and logic！——平衡魔法与逻辑！

案例全程 1) 定位"能轻松拥有"的奢华品牌——关键：大幅降低成本

转变的关键，在于执行长法兰克福于1999年决定赋予这品牌新定位，成为一个"能轻松拥有"的年轻奢华品牌（affordable luxury），同时，他改变生产方式，大幅降低生产成本，让Coach价格下降，且将资源重新配置到强有力的品牌行销上。如Coach海外事业部总裁伊恩·毕克莱（Ian Bickley）所说：Coach成功的配方在于"balance magic and logic！（平衡魔法与逻辑！）"，换句话说，就是平衡了"价格低"、"奢华感"原本冲突的两端。

一般而言，世界品牌实验室（brand.icxo.com）一直认为奢华品牌为了维持尊贵品牌印象，都坚持手工制作，售价也高贵。一个小型宴会包，LV（LVMH集团旗下主品牌）约5000元左右，相当一个大学刚毕业的社会新人两个月的薪水。而Coach只要LV的一半价格不到。但翻开财务报表，它的毛利率却没有因为价格而拉低：从2001年开始，Coach的毛利率64%，高于LVMH的62%，并且一路攀升，2006年毛利率高达77%。背后的"logic"便是通过将工厂移往亚洲，使生产成本降低。

根据英国《金融时报》报道，从2000年开始，Coach就将九成以上的工厂陆续移到劳动工资廉价的国家如中国、印尼与土耳其等。"五年来，毛利率立刻从64%拉到77%。"移到亚洲之外，法兰克福也大胆舍弃过去Coach引以为傲的手工传统，开始半机械化生产。生产方式地改变，让Coach的营业成本比率，从1997年的42%大幅下降到2006年的22%。

2) 能精准定价与掌握市场需求量——关键：每天做全球消费者访谈

相较于LV等品牌坚持不愿意到中国设立生产基地，担心"Made in China"而降低品牌魅力，Coach则是通过每年花费500万美元，在全球进行超过两万人的消费者市场调研，用精准的市场数字来管理品牌。因此Coach可以在一年前就规划好下一年所需要设计的款式与每个消费市场需求的数量。甚至，可以仔细到推测每个国家的不同年纪女性一年会买几个包包？以及平均单价为何？数字管理让它可以精准定价与控制成本。而Coach对成本的控管，不代表品质也打折扣，在纽约的皮件加工厂，还是只选品质好的前10%皮布料，并且由38位监工做超过20道的严格控管与检测。

而另一端，Coach 则是以大手笔的预算来塑造高级形象，五年来平均每年把毛利增加的 37% 投入 "销售、广告行销与设计"。换言之，每多赚 100 元的毛利就拿出 37 元打品牌行销，尤其致力于亚洲市场的开拓。

世界品牌实验室（brand.icxo.com）把镜头转向日本。这里是全世界最大的精品市场，2000 年前日本精品市场前十名里 C 开头的品牌只有 Chanel。自从 Coach 2001 年成立日本子公司后，去年就跻身日本十大精品品牌亚军，仅次于 LV。而五年来日本营收从占公司整体营收的个位数成长到 22%。

3）抓住亚洲市场庞大消费力——关键：在 LV 旁开店

另外，不断拓点与紧咬 LV 不放，是 Coach 能在日本蹿红的主因。营收只有 LVMH 十分之一的 Coach 却敢花同样昂贵的租金在 LV 旁开旗舰店。这五年 Coach 是所有精品品牌里在日本开店最快的一家，总共开了 104 家店，其中包含七家旗舰店，这些销售店或旗舰店全都紧邻 LV，根据 Coach 2003 年财报，当年在日本每开一家店就要花上 656 万美元。在精品龙头 LV 旁开店，消费者心中会塑造它与 LV 同级的印象，但价格却大多只要 LV 的三分之一。

且为了配合每月新品上市，Coach 也会全球同步换新店内陈设如沙发位置、植栽等，而且由全球总部统一规划，每个月寄出装潢包裹，里头有当月摆设的重点与摆设位置图，甚至音乐也都要全球统一。"搓揉精品魅力与新的生产、行销逻辑，让 Coach 能在新兴亚洲市场，培养出一群正在成长的新消费群。"世界品牌实验室（brand.icxo.com）指出。

实施后果 1）2006 年，Coach 成为美国华尔街的奢华品牌"传奇"，股价从 2000 年上市的 2 美元飙升到如今的 30 美元，成长 14 倍。

2）Coach 品牌转移核心能力，找出新的发展逻辑，在未来全球精品最大单一市场的日本和中国，跻身一线品牌，并在营收与利润上获得丰厚回报。

问题引出 老品牌遇到危机怎么办？

个案步骤 调整思路，整合资源，重新定位，以价格策略为导向，开创亚洲生产基地，抓住亚洲潜在爆发的市场，最终以业绩跻身一线品牌行列

理论依据 1）价格在组织经济活动时，履行三种职能：首先是传递信息；其次是产生激励，使人们能够在使用现有资源时，以较少的成本取得最高的价值；最后，价格也决定收入的分配。上述三项职能是彼此相关的。

2) 需求规律表明，一种物品的价格下降使需求量增加。

核心难点 打破世界品牌实验室的一般逻辑：奢华品牌为了维持尊贵品牌印象，都坚持手工制作，售价也高昂。Coach 总裁法兰克福做出了连 LV 总裁都不敢做的决定。

人为假设 如果没有法兰克福的价格策略调整，还会有 Coach 今天的品牌知名度和骄人的销售业绩吗？

分析结论
1) 在精品传统悠久的欧美，一线品牌与二线品牌泾渭分明，但在新兴亚洲，消费者是新的，所有的战争是从头开打，因此，Coach 就有了机会。
2) 根据高盛证券 2004 年的全球精品市场报告，中国市场已经占全球精品工业销售的 12%，两年后更将达到 20%，可望在 2015 年与日本一起成为全球精品最大单一市场。开创亚洲生产基地，又抓住亚洲潜在爆发的市场，Coach 选择了合适的区域市场实施其价格调整策略。
3) 全球消费者访谈把握需求，塑造高端品牌形象，在 LV 旁开店的昂贵租金，Coach 富有成效地将节约的生产成本投入到品牌营销的关键点上。

学习思考 经济学的价格杠杆在服装营销中非常有效，中国市场上降低价格以提高销售量的竞争已经到了非常激烈的地步，那么，除了简单地降低服装零售价以外，还有什么可做的？

参考文献
1) http://brand.icxo.com/htmlnews/2006/11/03/963617_0.htm
2) 世界品牌实验室，ICXO. COM（日期：2006 - 11 - 03 11：01）
3)《经济学原理》.（美）曼昆 著. 机械工业出版社，2003.

7
BRAND
DISSEMINATION
CASE
STUDY

品牌传播案例

7. 品牌传播案例

7.1. TOMSTORY 案例：TOMSTORY 的品牌理念——本、和、便、情

面临问题 在品牌创建过程中，采用何种形式和语言详尽描述品牌特征？

解决方案 建立 TOMSTORY 品牌定位

建立 TOMSTORY 品牌理念

建立诠释 TOMSTORY 品牌理念的关键元素

建立诠释 TOMSTORY 品牌理念的基本元素

建立诠释 TOMSTORY 品牌理念的品牌示范店

建立诠释 TOMSTORY 品牌理念的品牌个性和文化内涵。

案例全程 1) TOMSTORY 品牌定位

创立时间：2002 年

品牌形象：时尚 + 传统的家族休闲装

品牌定位：现代的、舒适的、SPA 家族品牌

目标消费者：男性：23～24 岁，女性：20～28 岁，儿童：3～9 岁

2) TOMSTORY 品牌理念解读

本	注重本质的品牌	比起外观更注重本质； 在产品企划方面标榜简约的主题； 在品质、设计、价格上追求适当的平衡。
和	注重和谐的品牌	货品与类别之间能相互协调搭配，这是最宝贵的特征； 通过用途广泛的设计，给顾客引发购物时的多种感觉。
便	感觉舒适的品牌	注重营造令顾客感觉最舒适、并提供他们最想要货品的卖场条件； 在商品与服务企划上，能表现出吸引顾客的感觉。
情	充满情意的品牌	通过提供品牌与顾客、销售人员与顾客以及顾客与顾客相逢的场所； 有亲和力的品牌，传达友爱的信息。

3) 诠释 TOMSTORY 品牌理念的关键元素

人物形象：健康宝宝

植物元素：绽放鲜花

文字描述：家族中心

4）诠释 TOMSTORY 品牌理念的基本元素商标、织唛、吊牌、手袋和礼盒等

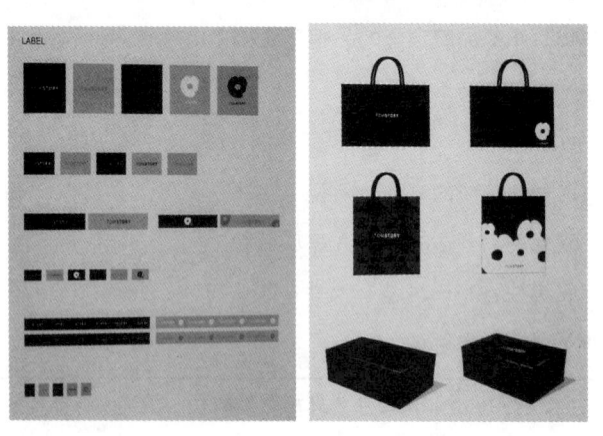

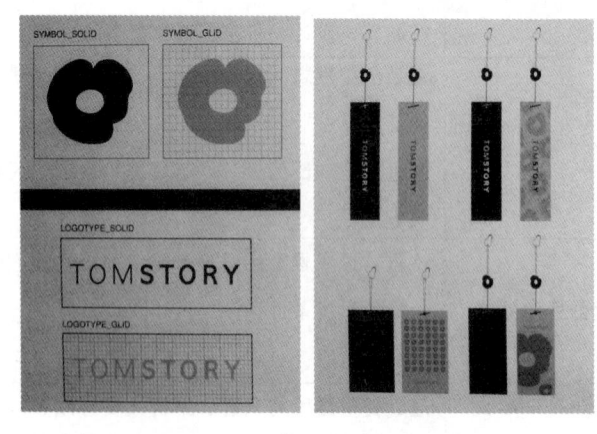

5）诠释 TOMSTORY 品牌理念的品牌示范店

6）通过设计和编辑具有人物戏剧情节的历史与现实图片，为 TOMSTORY 品牌理念的诠释注入品牌个性和文化内涵

实施后果 1）TOMSTORY 品牌理念直接或间接地向目标消费群体传达了菲利普·科特勒所描述的 6 层含义：属性、利益、价值、文化、个性和使用者。

2）作为 SPA 型家族品牌，TOMSTORY 给重视自己生活品位、想得到尊重的 21 世纪普通人，提供了一个满足其消费需求的品牌和一个高档、舒适的大型商场式的购衣场所。

3）TOMSTORY 是星都集团（SUNGDO GROUP）的第八个新创品牌，强化了作为韩国一流服装企业集团的星都旗下之品牌多元化体系，为星都集团带来新的盈利空间。

问题引出 如何为特定消费群构筑一个全新的品牌理念？如何将设定的品牌理念传达给目标消费群体？

个案步骤 TOMSTORY品牌通过设立目标消费、品牌理念、品牌关键词、产品包装设计、示范店铺、反映历史与现实着装图片解读、各种常规卖场虚拟设计和推广计划等内容，全方位向其品牌的目标合作伙伴和消费群体传达其独特的强势品牌个性和内涵，有效地增强新创品牌的竞争能力。

理论依据
1) 传播理论的修辞情景：在任何场合下，传播行为的设计都基于作者对三个基本设计元素的理解：受众、目的、语境，三元素构成了修辞情景。
2) 心理学的格式塔原则：格式塔原则涵盖了很多认知经验。（图形—背景对比和编组）这两个原则事实上是普遍适用的。……图形—背景对比的格式塔原则是你适应特定修辞情景的有力工具，强调和排列策略就是这一原则的体现。……当图形—背景对比把图片从一个区域中突出出来的时候，"编组"则把它们组织成一个单元和子单元。编组是结构文案各部分——文字、图片、图标、线条着重号等——的有力武器。编组把这些部分串在一起形成有组织的单元，使读者能够有效地选择文案的各部分。它能产生视觉凝聚力，把各部分黏合在一起。

核心难点 在品牌创建过程中，采用何种形式和语言详尽描述品牌特征是一个关键性技术和手段。

人为假设 TOMSTORY品牌理念的构筑与传达发生偏差的结果会是什么样的？

分析结论
1) 目标消费群、品牌推广与细分市场构成了品牌传播的修辞情景。建立服装品牌的全新理念是品牌企划的前提和基础。TOMSTORY品牌的"本、和、便、情"本质反映了其品牌定位的目标，即一大批想得到尊重的21世纪普通人意愿。
2) 品牌理念的构筑与传达的基础是提炼和挖掘品牌核心元素，TOMSTORY品牌的三大关键描述性元素是以生动形象、富有感染力和联想性为设计原则。
3) 应用格式塔原则，完成商标等系列设计和示范店建设是传达服装品牌理念基本的有效手段。
4) 品牌理念的诠释注入了品牌个性和文化内涵。

学习思考 1) 国际一流服装品牌企划案是值得中国服装同行学习和研究的宝贵财富，注重实效和实施安全性的品牌企划是学习的重要内容。

2) 中国服装企业品牌创建过程中，自觉提炼和采用品牌关键元素的很不普遍。因此，有必要认识到品牌关键元素对品牌创建的重要性，并提高专业人员的水准。

参考文献 1)《星都集团手册》、《TOMSTORY 品牌手册》

2) 作者的调研资料，调研时间：2002 年 10 月 27～31 日、2004 年 8 月 20，调研地点：韩国星都集团、TOMSTORY 品牌事业部和韩国 TOMSTORY 各大专卖店。

3)《视觉语言设计》．（美）查尔斯．科斯特尼克．中国人民大学出版社，2005．

7.2. Dolce & Gabbana 案例：服饰广告的"争议效应"

面临问题 时尚界越来越注重广告形象宣传,如何在众多绝色广告中脱颖而出?

解决方案 挑战传统观念的争议性广告

案例全程 1)"赞美及宽恕暴力"主题。Dolce & Gabbana06/07秋冬广告以"glorified and condoned violent crime"(赞美及宽恕暴力)为主题,描绘了一系列暴力场景。其中的一则广告中两名男子正在威胁一名坐在椅子上的男子,地板上还躺着另一位头部受伤的男士;另一则表现的是两个男人举着一个手持刀具、受伤的女人(见图1)。

图1 "赞美及宽恕暴力"系列广告之一

2)"性感与反暴力"主题。Dolce&Gabbana07春夏广告以描绘了一系列展现性感与反暴力的场景。广告中一个赤裸上身的男性双手用力把一名女子按倒地上,旁边两名同样裸露胸膛的同伴无动于衷地旁观(见图2)。

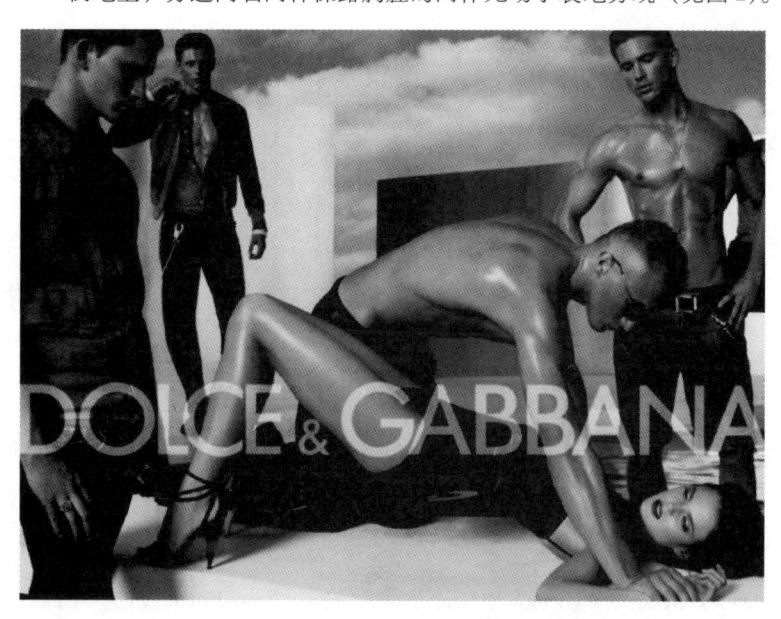

图2 "性感与反暴力"系列广告之一

实施后果 1)"赞美及宽恕暴力"在英国被禁。2007年1月,英国广告标准局指"赞美及宽恕暴力"系列广告中显示模特儿挥舞利刃,是鼓吹暴力,有美化暴力犯罪行为之嫌。这则广告在英国招致了至少166条不满的投诉,成为去年令人不满的十大广告之首。随后该系列广告被英国广告标准管理局叫停。然而这则广告在中国、欧洲、日本以及美国等地都没有收到类似投诉。Dolce & Gabbana解释,这两则广告是在模仿19世纪早期的艺术风格。

2)"性感与反暴力"在意大利、西班牙被抵制。2007年3月,意大利多名国会议员、人权组织及成衣工会指广告有鼓吹轮奸妇女的嫌疑。国际特赦组织意大利分会指"性感与反暴力"系列广告鼓吹对女性滥用暴力,意大利最大工会CGIL的纺织工人分会更扬言会呼吁妇女在"3·8妇女节"当天罢买它的产品。西班牙政府指其广告违反当地法例,有羞辱女性之嫌,要求Dolce & Gabbana撤出广告。随后被西班牙和意大利政府禁止刊登。Dolce & Gabbana在其官方公报中表示:"我们仅仅从西班牙市场上撤出了这些广告。他们的思想已经有点落后了。(We are withdrawing this photo only from the Spanish market. They have shown themselves to be a bit backward.)"

Dolce & Gabbana 并没有因为部分地区对广告的抵制而修改广告主题，相反，它前后推出的 Dolce & Gabbana 以及副牌 D & G 广告选择了独特的视角，这些广告引发的争议和社会报道，反而使得 Dolce & Gabbana 的广告得到了更多的关注。

问题引出
1) Dolce & Gabbana 的广告备受争议，究竟为其带来了怎样的影响？
2) 这种广告引发的争议，将对消费者产生什么影响？

个案步骤
1) Dolce & Gabbana 投放制作精美、而具有争议性的广告（广泛投放）；
2) 部分国家或地区对其品牌广告的表现形式产生质疑，甚至禁止刊登（社会组织、媒体的参与）；
3) 大众对广告的表现主题产生好奇并参与争议，从而留下深刻印象。

理论依据
1) "社会诉求仅仅是时尚、现代和文化诉求，他们生产美丽的衣服是为了满足由不变的本能产生的真正动机和由自然界基因排列产生的不可抗拒的情感。"
2) 前 Gucci、YSL 首席设计师汤姆·福特（Tom Ford）认为"时尚服装全都与寻求配偶有关……时尚真正使人着迷的地方就是它与性有某些联系。"

核心难点 在众多美色的服饰广告中，带有争议性的"性"或"暴力"题材广告随处可见。然而过度的性题材和过分夸张的性观念也会让消费者产生反感，甚至通过抵制等手段干预品牌经营。

人为假设
1) Dolce & Gabbana 推出带有争议性议题的题材广告，是否和他的品牌定位相关？
2) 时装界是否会因为大众的抗议或广告法规的禁止而停止制作具有争议性的广告题材？

分析结论
1) Dolce & Gabbana 品牌开放、冷静的广告形象正和性感、个性的品牌风格相一致。"这就是为什么 Domenico Dolce 和 Stefano Gabbana 总是爆新闻：他们的服装为他们代言，风格清晰，总是以相同的语言发出准确的信息，但同中求异，不断发展，通过世界上的所有风格加以演绎。"
2) 时尚品牌中具有争议性的广告并不只 Dolce & Gabbana 一个品牌。著名设计师 Yves Saint Laurent 曾亲自全裸演绎 YSL 品牌的香水广告，受到拥护者的一致追捧；Gucci 的 G 字阴毛的平面广告，惹来大批女权分子、妇女团体齐声抗议后撤下；小甜甜布兰妮拍摄的香水广告，因太过性感以至于还未播出就遭到了英国电视业监察机构的严厉处罚,而香水仍热卖到脱销……"性"主题似乎是时尚界经久不衰、却又饱受争议的最佳元素。即使是在表达"爱"、"竞争""反对暴力"、"追求和平"等主题时,时尚界也热衷于用充满视觉刺激的画面来挑逗大众的心理。

学习思考
1) 大众会对负有争议性的服饰广告习以为常吗?如果那样,服饰品牌广告将何去何从?
2) 中国的服装广告语言是怎样的?中国的社会环境能够接受这样过分张扬的服饰广告吗?

参考文献
1) http://www.dolcegabbana.it/(Dolce&Gabbana 官方网站)
2) 20 世纪 60 年代晚期的创意天才比尔·伯恩巴克 1980 年 5 月 17 日在美国广告公司协会的一篇演讲
3) http://www.dolcegabbana.it/(Dolce&Gabbana 官方网站)
4) http://brand.ICXO.COM(世界品牌实验室)
5) http://www.Wikipedia.org(维基百科)

7.3. MIZUNO 案例:MIZUNO 的高尔夫之路

面临问题 MIZUNO品牌如何进入高尔夫市场并站稳脚跟？

解决方案 赞助高尔夫赛事、签约优秀选手

案例全程 1965年，MIZUNO在成立59年之后，主办了第一届MIZUNO职业高尔夫新人比赛。随后，MIZUNO先后赞助了MIZUNO Gold Cup全国高尔夫比赛、Mizuno Tournament高尔夫球赛开赛、Mizuno LPGA Japan高尔夫球赛开赛、Mizuno Tokyo Open高尔夫球赛、Mizuno Open Golf比赛等高尔夫比赛。先后签约赞助高尔夫传奇人物塞弗·巴雷斯特罗斯（Seve Ballesteros）、英国著名高尔夫球选手Nick Faldo、日本高尔夫球选手福岛晃子（Akiko Fukushima）等。

实施后果 1977年，MIZUNO高尔夫球杆进入美国高尔夫殿堂；1997年，英国高尔夫用品跟踪调查中，使用MIZUNO高尔夫产品的俱乐部赢得了292项赛事中的10项桂冠；在美国职业高尔夫球巡回赛上，MIZUNO高尔夫球铁杆产品获得4项第一，铁杆的用量也位居第一。

问题引出
1）MIZUNO品牌是否进行了进入高尔夫产品市场准备？
2）MIZUNO坚持赞助专业赛事对其品牌传播产生了什么样的影响？
3）MIZUNO品牌在高尔夫领域打造的专业性形象为其带来怎样的效果？

个案步骤
1）MIZUNO品牌在制造销售运动类产品15年后，开始涉足全新的市场领域——高尔夫球杆，12年之后完成了高尔夫球杆的开发，再32年之后才首次主办高尔夫比赛；
2）通过主办冠名高尔夫赛事、赞助专业大赛、推动高尔夫运动的发展、签约优秀高尔夫选手等做法在专业高尔夫领域赢得信任；
3）从专业性产品设计（形象推广）到对中级产品市场推广（产品推广）。

理论依据 营销专家菲利普·科特勒认为"品牌效应通常是通过公共关系，而不是广告实现的"。MIZUNO坚持不懈地赞助赛事，拉近了与消费者的心理距离，使他们更容易理解企业的品牌文化，赢得他们的认同和赞许，为建立良好品牌形象和进驻消费者的心里打下坚实的伏笔。同时，赞助赛事有利于MIZUNO被

媒体免费报道宣传，不仅传播范围广，而且传播力度大，与受众的嗜好挂钩，更容易获得受众的关注和认同。相比广告宣传，有过之而无不及。

核心难点
1) MIZUNO品牌选择合适规模和级别的赛事为品牌塑造出专业的形象；
2) 品牌形象从专业化的高端产品设计到中级市场推广能顺利进行。

人为假设
1) MIZUNO品牌长期坚持对高尔夫赛事和选手进行赞助，可否采用广告的形式进行品牌推广？
2) 随着高尔夫赛事的发展，各种组织和级别的赛事日益丰富，MIZUNO品牌应如何加以选择考量赞助的赛事？
3) 高尔夫在中国的发展时间较短，如果MIZUNO短期内不能够通过赞助赛事获得销售回报，是否还应继续赞助赛事？

分析结论
1) 高尔夫是一项高档的休闲运动，相较于其他运动来说，它的运动爱好者人数较少，因此品牌传播方式和大众运动产品的推广有所不同。选择赞助赛事进行品牌宣传比运用广告针对性更强，真正把财力集中于目标消费群体上。
2) 正如MIZUNO的中国销售总监植村征喜所说："我们对赞助赛事的选择一要看是否具规模、有影响力，二要看赛事的水平和组织能力，需要综合考量。"
3) 赛事赞助一般是无法直接看到短期收益的，要有连续性，不能仅看眼前利益。高尔夫在中国还是一个需要普及的运动项目，而赞助赛事正是推广这个运动的一种手段。MIZUNO可以借中国高尔夫的推广时机，在中国市场站稳脚跟。

学习思考
1) MIZUNO在中国市场的品牌推广中是否坚持走赛事赞助的路线？
2) 面对Nike Golf签约泰格伍兹（世界头号高尔夫球手）并运用新科技推广耐克高尔夫品牌，MIZUNO应该如何应对？

参考文献
1) http://www.mizuno.com（MIZUNO官方网站）
2) http://www.golfweek.com（《高尔夫周刊》网站）
3) http://www.ugolf.com.cn（优扬高尔夫）

7.4. NIKE 案例：飞人乔丹——引领运动鞋的辉煌 20 年

面临问题 20 世纪 80 年代，消费者对运动鞋市场的选择发生变化，使得许多制鞋公司难以把握。Nike 在 1983 年陷入了危机，库存品大量积压，销售和利润下降。

解决方案 签约一名大牌篮球明星，帮助产品在篮球场上站稳脚跟。

案例全程 1984 年，Nike 与篮球新星迈克尔·乔丹签订了一份 5 年合同，给乔丹的条件包括赠予 Nike 的股票，以及以前所未有的礼遇——推出"Air Jordan（飞人乔丹）"系列篮球鞋。乔丹的收益总价值合计高达每年 100 万美元（阿迪达斯或匡威开出的价钱的 5 倍）。《财富》杂志当时认为就 Nike 的财务状况，签订这么个合同实在是个大错。

实施后果 1985 年，乔丹穿着第一双"Air Jordan"，一双红黑相间的球鞋出现在了 NBA 的赛场上。由于这双鞋与全队的服装不协调，NBA 联盟因此对乔丹开出了罚单。Nike 因此前后支付了百万的罚款，却借机宣称"Air Jordan"被禁是因为其"革命性的设计"，从而使 Nike 和"Air Jordan"登上了无数报刊的封面头条。人们蜂拥去购买，1985 年"Air Jordan"篮球鞋的销售额就达到了 1.3 亿美元。到 1986 年 9 月，"Air Jordan"篮球鞋已售出 230 万双。在随后的 20 年间，甚至在乔丹退役之后，"Air Jordan"一直推出到如今的第 21 代，已然成为了篮球鞋中的无愧王者，将 Nike 的球鞋文化推向了一个顶峰。

问题引出
1) Nike 和乔丹合作的主要成功策略在于什么？
2) 合作中遇到危机如何进行营销？
3) Nike 如何使乔丹的形象和品牌形象保持一致？

个案步骤
1) Nike 从销售一般品类的运动鞋市场进入篮球鞋市场（乔丹代表篮球界新星形象）；

2) 开创性地设计以乔丹命名的篮球鞋"Air Jordan";

3) 借 NBA 禁令宣传具有"革命性的设计"的"Air Jordan";

4) 随着乔丹在 NBA 地位的提升,Nike 每 1～2 年便推出新款"Air Jordan",同时也为乔丹造势,使乔丹成为 Nike 和"Air Jordan"的最佳标语。

理论依据 "明星代言人:期望通过他们来强调品牌的成功与尊贵个性,如 Nike 选择乔丹,欧米茄选择皮尔斯·布鲁斯南。如果形象代言人并不符合品牌的个性,则会造成品牌的稀释。"

"在演出的舞台上,广告不是一出独角戏。它是以行销领衔的各项活动集体演出中的一员。而且广告必须与其它活动和谐一致,方能有好的演出效果。"

核心难点 1) 不同于当时简单的产品赞助手段,而将乔丹视为重要的营销合伙人;

2) 在和乔丹长达 20 年的合作中,不断塑造和提升乔丹的飞人形象,并将其与 Nike 以及"Air Jordan"的形象统一。

人为假设 1) 如果没有"Air Jordan"篮球鞋,Nike 与乔丹的合作还能否带来这样大的轰动效应?

2) 与乔丹签约对于当时的 Nike 来说是一种冒险,如果乔丹之后并未成为篮球巨星,Nike 会怎样?

分析结论 1) 不能。"Air Jordan"篮球鞋是整个 Nike 与乔丹合作过程中的点睛之笔。它使得乔丹在 Nike 所担当的角色已经远大于一个普通的形象代言人,更多的是营销合作伙伴的角色,根据双方的合同,乔丹不仅将获得 Nike 的股票,还将从每一双"Air Jordan"篮球鞋中提成。同时它也使得 Nike 不仅仅是乔丹的球鞋赞助商,而是塑造出了"Air Jordan"形象的幕后推手,并使得迈克尔·乔丹成为 Nike 的符号标识。

2) 每年 100 万美元的合同对于当时的 Nike 是一种冒险,为了将风险降到最低,Nike 公司在合同中列入了这样一些条款:"如果在签约后 3 年内,乔丹不能进入全明星队及全 NBA 最佳阵容这一双重标准——公司有权中止制造'Air Jordan'。即使乔丹能够做到上述条件,但如果到了签约的第三年,这种鞋的销售收入还没有超过 300 万美元,公司仍然有权中止生产这种鞋。"结果当年"空中飞人"乔丹鞋的销售额就达到了 1.3 亿美元。

学习思考 1) 继"Air Jordan"之后,Nike 还与其他的优秀选手签约并推出"Air*"系列鞋,然而却都没有达到"Air Jordan"当年的市场效应,一种成功产品的推出受哪些因素的影响?

2) 国内知名运动品牌"李宁",其创立者——李宁本身就是在体操界具有传奇运动生涯的人物,在它的营销中可否以此为品牌文化的诉求点?而曾经在乒乓球场叱咤风云的邓亚萍,也曾推出过"邓亚萍"品牌,却没有获得市场成功,中国运动品牌能不能借自己的运动传奇人物进行品牌文化的宣传?

图1 第一双"Air Jordan"　　图2 "Air Jordan"的标志

参考文献

1) CNKI学术定义
2) 广告大师李奥贝纳的100名言之一
3) http://23jordan.com/(Jordan官方网站)
4) http://www.nike.com(Nike官方网站)
5) http://www.4a98.com(4A酒吧)
6) http://sports.sina.com.cn
7) http://www.nike.com

8
BRAND
IMAGE
CASE
STUDY

品牌形象案例

8. 品牌形象案例

8.1. C&A 案例：C&A 品牌 LOGO 设计的演变

面临问题 品牌 LOGO 的设计依据什么而定？

解决方案 C&A 品牌的 LOGO 对应于品牌定位发展的阶段，保持良好的吻合度。

案例全程 1) C&A 品牌于 1841 年在荷兰由 Clemens 和 August 兄弟俩创建，其发展经历了三个阶段：

第一阶段，1841～1910 年，主要在荷兰发展，取得巨大成功；

第二阶段，1911～1945 年，国际性业务扩张，主要在德国和英国开店；

第三阶段，1945 开始至今，全球性业务拓展，在欧洲、拉美和亚洲的 16 个国家开设了 1000 多家 C&A 服饰连锁店。在全球服饰连锁店排名中，C&A 位居美国 GAP，瑞典 H&M 之后名列第三。

2) C&A品牌在各个阶段的发展中，品牌LOGO发生了多次变化，这种变化与品牌在拓展市场方面的时间对应如下表：

1841	在荷兰，建立了名为C&A纺织品公司。	1984	开设了奥地利的第一家零售店
1861	在荷兰Sneek，开设了第一家零售商店。	1990	开设了丹麦的第一家零售店
1911	在柏林，开设了德国的第一家零售店。	1991	开设了葡萄牙的第一家零售店
1922	开设了英国的第一家零售店。	1993	终止了在日本的零售业务。
		1996	开设了阿根廷的第一家零售店
1945	开设了北美的第一家零售店。	1999	开设了捷克的第一家零售店。开设了墨西哥的第一家零售店。
1963	开设了比利时的第一家零售店。	2000	终止了在英国的零售业务。
		2001	开设了波兰的第一家零售店
1972	分别开设了法国、加拿大的第一家零售店	2002	开设了匈牙利的第一家零售店
1976	在巴西开设了拉美的第一家零售店	2004	终止了在北美的零售业务。
1977	开设了瑞士的第一家零售店	2005	以特许形式开设了莫斯科的第一家零售店
1979	开设了日本的第一家零售店	2006	开设了在欧洲的第1000家零售店。
1982	开设了卢森堡的第一家零售店	2007	在上海，开设了中国的第一家零售店
1983	开设了位于西班牙的第一家零售店		

实施后果 1) 在品牌进行国际化扩展的第二阶段，C&A在德国开设零售店后的第二年（1912年），设计了第一个LOGO，在英国开设零售店后的第六年（1928年），LOGO进行了再设计，再设计的元素有外形、字体、风格以及将家族名称改为了公司名称，着力打造品牌。

2) 在品牌进行全球化拓展的第三阶段，LOGO进行了四次再设计，时间分别在1947、1958、1984和1999年，在这四次再设计中，LOGO的外形、字体保持了稳定，色彩更加丰富，公司名称及相关的文字最终从LOGO中去掉，风格更加简练，与国际化的定位更加吻合。

3) C&A品牌运作成功的经验，为公司独家经营10个服饰品牌（包括Clockhouse、Westbury、Yessica、Canda和Your Sixth Sense等等，风格从古典优雅到时尚动感，适应不同层次消费者的个性需求）奠定了良好的基础。

问题引出 C&A品牌LOGO形象与品牌定位、市场拓展的关系？

个案步骤 1) LOGO形象的变化始终与市场发展保持同步；

2) LOGO形象所突出的重点随着品牌的发展，即品牌定位的变化，经历了各个过程，从家族到公司，从欧洲到全球，从细节繁多到简约，最终成为一个适合全球市场大规模连锁的大众服装品牌的LOGO标志。

理论依据 1) 也许一种品牌在市场上最初定位是适宜的，但是到后来公司可能不得不对之重新定位。

2) 一个公司和服务如何定位，需要贯彻到所有与顾客的内在和外在的联系中。因而建议公司的所有元素，它的员工、政策和形象都需要反映一个相似的并能共同传播希望占据的市场位置的形象。

核心难点 品牌经营者对品牌定位调整的敏感度，以及对营销组合（本案例中的品牌形象）调整把握的准确度。

人为假设 如果C&A品牌没有LOGO或最初的LOGO沿用至今，那么人们还能对C&A品牌印象如此深刻吗？还能在国际化的进程中走得一路顺畅吗？

分析结论 1) 在品牌经营中，品牌形象必须与品牌定位保持高度一致。

2) 品牌再定位后，如本案例中的品牌经营覆盖的市场范围发生变化，品牌形象应随之调整。

学习思考 1) 品牌经营者必须保证品牌定位的清晰以及表达的完整。

2) 品牌经营者必须保持对品牌定位调整的高度敏感及营销组合调整的精准到位。

参考文献 1) http://www.cofraholding.com

2) 《营销管理——分析、计划、执行与控制》(第9版).（美）科特勒著，梅汝和等译. 上海人民出版社，1999.

3) 《营销方法》. 屈云波. 企业管理出版社，2005.

8.2. LOUIS VUITTON 案例：一个藐视伦敦的法国人

面临问题 LOUIS VUITTON 品牌如何在高端的英国伦敦市场一举成名？

解决方案 创造一个能使伦敦市民震惊的橱窗形象——一个骄傲的法国人

案例全程 1885年5月1日这一天，伦敦上空雾气弥漫，伦敦人的情绪也略有不安。在牛津街289号的上空飘扬着一面法国的红白蓝旗帜，旗帜下显现的是一个灯光照亮的橱窗，橱窗里的布置让在场的英国人有点惊讶：沙地四周围绕着异国情调的树，一个像是殖民地军官使用的行李床，伸展开的鬃毛弹簧床上有一个蜡像，穿着法国轻步兵的军装。

实施后果
1) 伦敦最初的反应：1、伦敦人挤破脑袋想看看是谁发动了这场秀？2、英国媒体对胆大妄为、敢在牛津街上开店的"法国行李箱制造商"大肆评论，险些成为政治事件。

2) 路易·威登的态度：强烈反对其儿子乔治提出的"这个时候应该改变一个橱窗造型"的建议，并要求将此橱窗形象一直保留，他认为法国的轻步兵将会吸引客人而不是疏远客人。

3) 几周后的效果：走过的客人对此或好奇或震惊或欣赏，但没有一个人对它漠然视之。

问题引出
1）为什么路易·威登要以"法国轻步兵"的橱窗形象导入伦敦市场？
2）法国的轻步兵形象是否与LOUIS VUITTON品牌定位一致？
3）品牌导入新市场时，如何引发当地市场的追捧？

个案步骤
1）LOUIS VUITTON品牌从法国市场（低端、国内）导入英国市场（高端、国际）；
2）全新的品牌专卖店橱窗形象：法国国旗——沙地——异国情调的树——LOUIS VUITTON行李床——法国轻步兵蜡像。

理论依据
奥格威的品牌形象理论："广告不仅要挖掘产品本身的卖点，同时还要赋予产品一种人性化的形象"。一个引人注目的品牌，除了在设计上要与众不同，给人以美的感受，还要将品牌个性与生活文化相结合，才能得到理想的反应。

核心难点
1）LOUIS VUITTON品牌从法国市场进入英国市场，品牌是由低向高爬坡的过程；
2）如何创造一种强烈的可读性的视觉语言，给目标（高端）市场的消费者一个全新的形象体验。

人为假设
如果全新的品牌专卖店橱窗形象不采用法国轻步兵蜡像，那么LOUIS VUITTON品牌进入英国（伦敦）高端品牌市场是否还会有轰动的社会影响力？

分析结论
1）不采用法国轻步兵蜡像是不会产生轰动的社会影响力。
2）我们断定：法国轻步兵蜡像形象在英国（伦敦）高端品牌市场起决定性作用。
3）品牌塑造本身与轻步兵形象无关，法国轻步兵形象本身也不代表高端的奢侈品。但是，正如奥格威的著名命题所指出："我们坚信每一则广告都必须被看成是对品牌形象这种复杂的象征符号做贡献，被看成是对品牌形象所做的长期投资的一部分"。法国轻步兵在英国街头推出就贡献了或暗示着一种"征服、殖民、力量、生命"的品牌视觉语言。在解读拥有"征服、殖民、力量、生命"内涵的LOUIS VUITTON品牌时，英国人感到了前所未有的挑战，愤怒和震惊占据了英国人心理，并因此引发一场社会舆论的报道。LOUIS VUITTON品牌通过广告形象的转换，成功地实现了品牌在英国伦敦的登陆。

学习思考
1）中国品牌同样面临着步入国际一流市场能否引起当地市场关注的难题。
2）在店铺橱窗形象设计上，将采用怎样的"中国元素"来实现创造一种"征服、殖民、力量、生命"的品牌视觉语言？

3) 与19世纪后期相比，21世纪的店铺橱窗形象是否对目标市场和消费者仍具有足够的影响力？

参考文献

1) 《路易·威登——个品牌的神话》.（法）博维希尼著，李爽译. 中信出版社，2006.

2) 奥格威（David Ogilvy），1911年生于英国苏格兰奥。1948年，在美国创建奥美广告公司，后在其经营管理下，发展成为由53个国家或地区设有278个分公司的跨国广告公司。

9
Supply Chain Management Case Study

供应链管理案例

9. 供应链管理案例

9.1. BENETTON 案例：快速响应的品牌供应链管理

面临问题 如何打造一个快速响应服装品牌物流体系？

解决方案 创建一个 BENETTON 模式

案例全程

1) BENETTON 是意大利的运动服生产公司，主要销售针织品，位于意大利的彭泽诺，每年面向全球生产、分销 5 千万件服装，大类产品包括针织服装、休闲裤和女裙。

2) BENETTON 发现，要使分销系统运作快捷，最好的办法就是在销售代理、工厂和仓库之间建立电子连接。假如 BENETTON 在洛杉矶某分店的售货员发现十月初旺销的某款红色套头衫将缺货，就会给 BENETTON 80 个销售代理中的一个打电话，销售代理会将订单录入到他或她的个人电脑中，传给意大利的主机。由于红色套头衫最初是由计算机辅助设计系统设计的，主机中会有这款服装的所有数码形式的尺寸，并能够传输给编织机。机器生产出套头衫后，工厂的工人将其放入包装箱，送往仓库，包装箱上的条码中含有洛杉矶分店的地址信息。BENETTON 只有一家仓库供应世界上 60 个国家的 5000 多个商店。仓库耗资 3 千万美元，但这个分拨中心只有 8 名工作人员，每天处理 23 万件服装。

3) 一旦红色套头衫被安置在仓库的 30 万个货位中的一个之上，计算机马上就会让机器人运行起来，阅读条形码，找出这箱货物，以及其他运往洛杉矶商店的所有货品，将这些货物拣出来，装上卡车。包括生产时间在内，BENETTON 可以在 4 周内将所有订购的货物运到洛杉矶。如果公司仓库有红色套头衫的存货，就只需 1 周。这在以动作速度缓慢著称的服装行业是相当出色的成绩，其他企业甚至不考虑再订货问题。如果 BENETTON 突然发现今年没有生产黑色羊毛衫或紫色裤子，但它们销售很旺，公司就会在几周内紧急生产大量黑色羊毛衫或紫色裤子，快速运往销售地点。

实施后果 在高度流行、快速换季的国际服装品牌市场竞争中，BENETTON 品牌通过利用现代物流管理战略，赢得了不断细分中的市场、市场份额和营销利润。

问题引出
1) 什么是物流？
2) 现代物流组成要素是什么？
3) 现代物流究竟创造了什么价值？

个案步骤 "制造工厂——销售代理——产品仓库——制造工厂"这一产品供应链之间建立电子连接。

理论依据 1) 创建于 1962 年的美国物流管理协会（Council of Logistics Management）对

物流定义如下：为迎合顾客需求而对原材料、半成品、成品及相关信息从产地到消费地高效率、低成本流动和储存而进行的规划、实施与控制过程。

2) 美国物流管理协会认为一个典型物流系统的组成要素包括：客户服务（Customer Service）、需求预测（Demand Forecasting）、分拨系统管理（Distribution Communication）、库存控制（Inventory Control）、物料搬运（Material Handling）、订单处理（Order Processing）、零配件和服务支持（Parts and Service Support）、工厂和仓库选址（Plant and Warehouse Site Selection）、区位分析（Location Analysis）、采购（Purchasing）、包装（Packaging）、退货处理（Return Goods Handling）、废弃物处理（Salvage and Scrap Disposal）、运输管理（Traffic and Transportation）、仓储管理（Warehousing and Storage）。

3) 企业创造产品或服务中的四种价值，它们是：1、形态价值；2、时间价值；3、空间价值；4、占有价值。物流创造其中两种价值，即时间价值和空间价值。物流主要通过运输、信息流动和库存实现这三大方式来获得控制产品的时间和空间价值。而形态价值是通过将投入转化为产出，占有价值则由营销、技术和财务部门通过帮助客户通过广告（信息）、技术支持、销售条件（定价和信贷可得性）等手段获取产品。

核心难点
1) 服装品牌经营者要充分认识到物流系统品牌营销活动中的重大战略意义；
2) 要投入一定资金和时间成本来建设满足服装品牌整个供应链系统中的物流体系；
3) 要很好地将物流系统的组成要素有机地整合起来，以满足客户或顾客当其希望进行消费时（特定的时间和地点）而拥有产品和服务。

人为假设 失去"时间价值"和"空间价值"的物流系统将会给品牌带来何种负面效应？

分析结论 如果BENETTON品牌物流系统无法保证其全年5千万件服装及其相关服务向全球60个国家的5000多家商店进行高效分销，即在当地客户和市场希望准确、及时到达的产品或服务，那么BENETTON品牌将会迅速失去市场竞争能力，其物流系统将失去意义。

学习思考 在合理投资成本和准确快捷的前题下，如何创造适合中国中小型服装品牌企业的现代物流运作系统？

参考文献

1)《企业物流管理——供应链的规划、组织和控制》. [美] Ronald H. Ballou 著,王晓东,胡瑞娟等译. 机械工业出版社,2002.

10 Marketing Channel Case Study

营销渠道案例

10. 营销渠道案例

10.1. DONEGER 案例：世界上最大的时尚商品采购代理机构

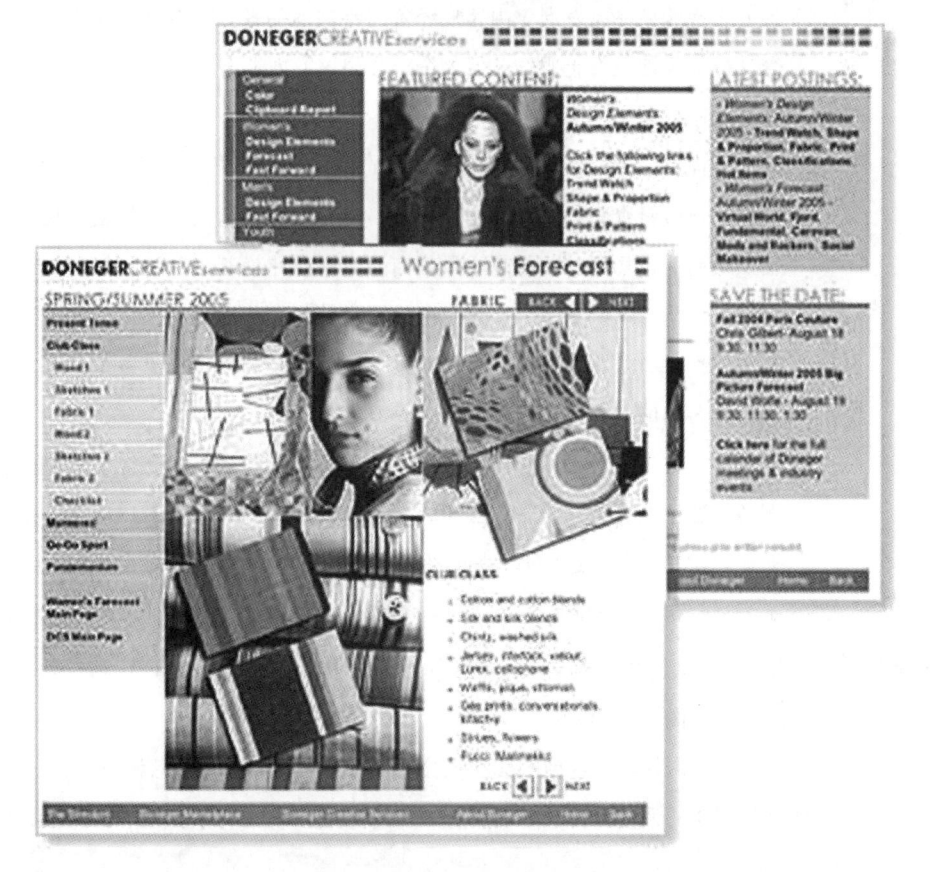

面临问题 如今的商业竞争比以往任何时候都要激烈。不仅所有类型的商场数量以令人无法想象的速度增长，而且多元的零售方式也在分流消费群体，买手的作用变得十分重要。

解决方案 成立时尚商品采购代理机构，提供专业化的时尚信息以及采购服务。

案例全程 当公司创始人亨利·多格（Henry Doneger）刚建立多格公司时，没有人能够想到日后的多格集团会成长为世界上最大的时尚商品采购代理机构。如今，该公司在向国内百货商场、专业连锁店、低价零售商以及独立零售商等各种零售商提供服务的同时，还将多家海外机构纳入了客户范围。

1) 在相当长的一段时间内，多格集团在数目众多的同类公司中并不是特别突出，但通过逐渐吸收合并多家竞争对手，使得公司规模不断扩大，并最终确立了今天这种业内领先地位。如今，公司的业务范围广泛，其中最主要的是向零售商提供产品种类、新进货渠道、市场发展趋势、全球时尚产业分析、商品促销方式等与零售经营相关的各种建议性信息。

2) 与此同时，公司还开展了其他多项服务性业务，如根据零售机构采购人员的要求代购商品、发展仅由客户经营的专供商品等。在专供商品方面，尽管其最初仅涉及女士服饰，但如今，公司这方面业务已经拓展到男装、童装以及家居装饰品等多方面。

3) 对公司而言，帮助买手做好下一季度的销售季节的各项工作是最重要的。凭借公司数量众多的买手和销售人员，公司就可以全面考察批发市场，评估供货商为市场所准备的夏季最新商品，并以此为基础，建立起能确保向买手提供确保采购效率所必需信息的周密计划，从而为买手考察商品并实施采购提供有效帮助。在商品采购过程中，公司会单独约见各个买手，以满足其各自的具体需要。

4) 如今，公司进一步拓展了服务渠道，即开始以互联网方式向客户提供信息服务。通过浏览公司网站，公司的零售成员点就可以足不出户地感受市场脉搏。实践证明，这种方式对确保成员店及时掌握有关批发市场情况、产品发展趋势及供货商信息等方面最新咨询极富成效。

实施后果 多格集团提供信息、指导以及能够为客户经营产生重要影响的其他服务。具体而言，其服务项目包括：

1) 凭借组织内知名零售商的成功经验向所有客户提供重要信息和指导。

2) 凭借广泛的调查报告服务提供有关市场发展、商品方向等方面的深入信息，并帮助客户了解即将到来的零售趋势。

3) 有效利用组织内时尚部门所提供的色彩、款式、外观等方面的信息使客户收益颇丰。

4) 作为经营多种商品的组织,多格集团能够为客户的商品采购节省大量时间,并为其预测市场、考察买主、把握产业脉搏和方向提供人员支持。

5) 具有丰富经验的高素质团队能够为所有客户提供高质量的指导和建议。

6) 通过逐一咨询,讨论并不断考察市场和客户经营的所有方面。

7) 通过深入的市场调查,确定产品开发计划的具体商品。

8) 促销团队将致力于对资源结构、关键的商品分类以及商品种类提出意见,并对零售营销策略提出建议。

9) 组织内的管理执行部门有能力以委员会形式向所有客户的零售业务实施提出正确建议。

10) 位于服装产业中心的现代化的舒适设施可以时刻召开客户集会、进行产品展示、会见卖方,并可作为商场人员在纽约周期间的活动基地。

11) 公司的所有服务都可根据客户需要和要求具体提供。公司将尽其所能为建立稳固的工作联系奠定坚实基础。

问题引出 专业的采购代理机构对于时尚买手的意义何在?

个案步骤 许多被称之为采购代理机构或市场咨询组织的公司,是在采购和商品信息方面最有价值的外部资源之一,买手通过与一个或更多的此类外部信息资源保持联系并建立合作,主要是基于:远离批发市场所导致的难于对市场进行定期考察;定期交流市场变化的需要;专业市场人士能够提供买手最畅销商品的信息,并能够评估对商品采购产生影响的最新经济状况等。

理论依据 企业的专业化发展。专业化发展应包括以下三方面内容:

1) 产品、服务的技术水平:技术是企业专业化的一个非常重要的因素,是企业专业化的基础。企业所提供的产品和服务包含了多少高新技术,应用了多少先进的手段,这些将直接构成企业的专业化。技术越尖端、方式越先进,企业的专业化水平的基础将越牢固。

2) 产品、服务的技术独特性:技术对企业专业化的贡献,不在于技术的科学价值。无论多么先进的技术,都必须通过特定的产品和服务造福于人类才真正转化为生产力,通过对技术的应用和创新,形成自己独特的产品和服务,从而占据独特的细分市场,拉开与竞争对手的差距,避开激烈的市场竞争。在特定的技术基础上，差异化越明显，专业化越强。

3) 产品、服务的技术市场认同度：追求技术的尖端性、独特性必须以市场为导向，如果一个高科技产品、一个具有独特性能的产品不被市场接受，或者是有限的接受，这不会给企业带来多大的利润，只有那些得到市场认可，受市场欢迎的高科技产品，才是企业追求的专业化产品。

核心难点

1) 准确分析流行及市场信息，提供给客户；
2) 针对客户的个性化需求提供个性化服务。

人为假设

对于中小型零售商来说，如何在众多采购代理机构中进行选择？

分析结论

1) 避免和最近的竞争对手选择同样的代理机构：当采购代理机构向成员推荐商品时，存在着每个商场都会购买同样商品的可能性，零售商要避免和自己最近的竞争对手经营相同商品；

2) 关注代理机构提供的服务：各采购代理机构的服务项目互有差异，只有少数全方位代理机构才提供范围很广的服务，零售商必须先评估自己的服务需求，并以此为基础挑选最合适自己需求的采购代理机构；

3) 考察代理机构的收费情况：所选择的代理机构应使零售商能够在可支付范围内享受到合适的服务。

学习思考

国内的采购代理机构发展程度怎样？能够提供的服务包括哪一些？

参考文献

1) 《服饰零售采购买手实务（第七版）》. 杰·戴孟德杰拉德·皮特. 中国纺织出版社，2007.

2) http://www.doneger.com

3) 专业化企业的竞争优势中国企业的误区，http://www.lw90.com/paper/guanlilunwen/guanlixue/20060602/39992/index.html

10.2 ZARA 案例：成功的国际品牌终端网络建设

面临问题 走向国际连锁专卖的服装品牌营销策略

解决方案 集中资源优势，建设核心市场

案例全程 截止到 2003 年 3 月 ZARA 品牌全球连锁专卖分布表（资料来源：www.zara.com）

全球分布	国家小计	城市小计	店铺小计	重点国家		核心城市	
				国家	规模	市场	规模
欧洲	21	172	445	西班牙	240	马德里	36
						巴赛罗那	33
				法国	69	巴黎	20
				葡萄牙	41	里斯本	16
				希腊	22		
				德国	21		
				比利时	15		
美洲	10	36	73	墨西哥	28	墨西哥城	16
				巴西	12		
				美国	10		
中东	8	20	32	以色列	11		
亚洲	2	4	7				
合计	41	232	557	10	469	5	121

实施后果 2003年，ZARA品牌全球连锁专卖营销策略编入哈佛商学院教案。在国际服装业内，ZARA模式成为服装品牌经营者学习的楷模。

问题引出
1) 服装品牌应该如何规避终端网络建设的风险？
2) 具有国际影响力的服装品牌其终端网络建设的大致规模是什么？
3) 从ZARA品牌全球连锁专卖分布表中，我们学到了什么？

个案步骤 西班牙为全球推广基地——欧洲大陆邻近国家为销售重点——实施回避强势竞争品牌为策略（如意大利的Benetton、瑞典的H&M、荷兰的C&A、英国的NEXT、美国的GAP、加拿大的root1973和日本的UNIQLO等），做大做强核心城市品牌网络建设——统一强大的物流系统助推——实施低成本、低风险、最优化营销运作模式

理论依据 1960年，Jerome McCarthy（杰罗姆·麦卡锡）在其《基础营销（Basic Marketing）》一书中提出了著名的4Ps营销理论：即产品（Product）、价格（Price）、渠道（Place）和促销（Promotion）等四大要素的有效组合。面对21世纪的全球消费市场，如何设计合理的营销渠道是服装品牌参与市场竞争的致胜法宝。显然，ZARA品牌充分利用了有效资源，合理地选择了目标市场。

菲利普·科特勒认为：一旦公司确定了市场细分机会，它们就必须评价各种细分市场和决定为多少个细分市场服务。我们将依次考察评估和选择细分市场的方法。

在评估细分市场方面，必须考虑两个因素：

1) 公司必须自问这潜在的细分市场是否对公司有吸引力。
2) 公司必须考虑对细分市场的投资与公司的目标和资源是否相一致。

在选择细分市场方面，公司可考虑可能的目标市场模式，一共可采用五种模式：

1) 密集单一市场：最简单的方式是公司选择一个细分市场集中营销。
2) 有选择的专门化：选择若干个细分市场，其中每个细分市场在客观上都有吸引力，并且符合公司的目标和资源。
3) 产品专门化：集中生产一种产品，公司向各类顾客销售这种产品。
4) 市场专门化：专门为满足某个顾客群体的各种需要而服务。
5) 完全市场覆盖：用各种产品满足各种顾客群体的需求。

　　基于上述理论，ZARA品牌很好地采用了"有选择的专门化"终端市场网络建设策略。

核心难点 1) 目标市场调研精准度要高；

2) 确保每个细分市场可能的盈利；

3) 快速填补竞争品牌市场空隙。

人为假设 如果不采用"有选择的专门化"市场细分策略，如果不实施回避强势竞争品牌终端网络建设策略，那么，ZARA品牌国际化战略的实现，可能需要更长时间，可能需要承担更大的风险。

分析结论 1) 营销渠道建设是实施品牌战略的最重要环节之一，尤其以终端网络为核心。ZARA品牌为国际服装品牌运营树立了典范。以西班牙总部为核心，"有选择的专门化"布点策略运用很好地解决了ZARA品牌在实际运作过程中的供应链参与市场的快速响应能力。

2) 在"有选择的专门化"布点框架下，ZARA品牌实际终端网络建设又采用了回避强势竞争品牌市场策略，积极拓展强势竞争品牌相对弱化市场，取得了良好市场反应。

学习思考 1) 中国服装品牌在渠道建设中是否存在为盲目扩大市场份额而无视"有选择的专门化"市场细分策略？

2) 缺乏区域市场集中的服装品牌终端网络将失去品牌在周边市场的号召力。

参考文献 1)《营销管理——分析、计划、执行和控制》,(第9版).(美)科特勒著,梅汝和等译.上海人民出版社,1999.

10.3. LEVI'S 案例：网上量身定做的发展空间

面临问题 服装业在制造模式上历经了传统手工定制、大批量生产和多品种、小批量生产三个阶段。随着网络时代的到来，网上量身定做将有巨大的发展空间。

解决方案 "虚拟裁缝"的个性化定制系统

案例全程 全球知名牛仔裤生产商 Levi's 的商业网站设计了一个"虚拟裁缝"，倡导顾客的个性化定制。该网站有一个特色栏目是"定制个性化牛仔裤"，点击进入之后，第一个提示问题是："你喜欢什么类型腰际线的牛仔裤?"选项有三个：适腰、半低腰和低腰；第二个提示问题是："你的体型是怎样的?"选项有二个；苗条和不苗条；第三个提示问题则是选择裤脚围大小。此外，Levis 牛仔裤个性化定制还提供 15 种颜色以供选择。网上量身定制牛仔裤省去了试衣间的麻烦，顾客完成以上各种选项提交之后，大概 3~6 周牛仔裤将送达顾客的住址（中国目前还没有网上订购的服务）。

实施后果 顾客通过网上提供的量体制衣服务，仅比标准化的成品牛仔裤多付 15 美元，却可以获得更称心如意的牛仔裤。而 Levi's 公司发现大规模定制给了他们提供独特服务以及区别于其他牛仔裤公司的机会，公司的营业额上升了近三成，经营成本大幅降低。

问题引出
1) Levi's 公司是如何将量身定做和网上订购相结合的？
2) Levi's 公司如何实现低成本量身定做？

个案步骤
1) 通过网站上的商务平台进行信息交互，采用模块化设计技术，通过标准模块的组合与顾客共同完成定制服装的设计；
2) 通过大规模定制的方式进行生产，同时由于只生产满足顾客需求的服装，就无库存之忧。

理论依据 大规模定制："以大规模生产的成本和速度为单个客户定制加工单件产品，这是一种为满足顾客个性化需求，提升企业竞争力而发展的全新的生产经营模式。具体到服装的大规模定制是指顾客参与到服装的设计活动中，与服装设计师共同完成服装的面料选择、款式设计等，并根据顾客的体型，采用流水线的加工方式为顾客量身定制单件产品。"

核心难点
1) 由于各地区人们体形的差异，使得这项业务目前仅在美洲和欧洲部分国家开展，若要拓展到全球范围，还需要对地区市场进行研究；
2) 消费者在短时间内还很难立即放弃原有的逛街购物行为，转而依赖网上购物，网络定制的兴起还需要经过一段时间的发展。

人分 为假设 Levi's 公司如果在中国区域开展网上量身定做服务,是否具备这个条件?

分析结论 不具备。Levi's 公司的网上定做作为一种大规模定制还需要一定的"量"来维持较低的生产成本。不同于在美国等市场的低价位定位,Levi's 在中国目前的牛仔裤市场上的价位仍属于中高端产品,受到很多低价位牛仔裤品牌的竞争压力,难以以量取胜,因此也很难做到低成本定制。

学习思考
1) 中国首家网上定制男衬衫的公司 BeyondTailors 于 2006 年 12 月开业 (http://www.beyondtailors.com),引起了广泛关注,中国的网络定制和 Levi's 在美国的网络定制是否有不同?
2) 网络销售会不会对实体店铺的销售造成分流?
3) 网络销售在未来的发展走向是怎样的?

参考文献
1) Joseph Pine,《Mass Customization:The New Frontier in Business Competition》
2) http://www.levis.com/(Levi's 官方网站)
3) http://www.dressoem.com/(中国 OEM 时代资讯台)
4) http://www.51fashion.com.cn/(中华服装网)

11
BRAND
TERMINAL
CASE
STUDY

品牌终端案例

11. 品牌终端案例

11.1. DIESEL 案例：独一无二的店铺风格

面临问题 同一个品牌各店铺采用完全不同的风格是否会削弱消费者对其价值的认知？

解决方案 创建一个多元素文化的店铺模式

案例全程 像意大利艺术一样，DIESEL 品牌为每一个走进其店铺的消费者提供了一种多元的独特的视觉艺术形象。这一点正反映了 DIESEL 创始人 Renzo Rosso 的主张："我不赞成照搬同样的店铺、同样的产品以及同样的概念，在全世界进行传输。人们不想要同样的东西，今天重要的是独特。"

呈现在我们面前的 DIESEL 店铺在视觉形象上至少可以总结如下特征：

1) 店铺建筑外观：整体建筑风格经典、大气、完整，各地区建筑风格允许存在差异化；面积超大、楼层高大；明亮通透、场景橱窗。

2) 店铺灯光与造型：灯光是店铺的血液，要十分重视。店铺需要有主题式灯光造型；装饰华丽、品质卓越；以冷光源为主，辅以暖光源，强调时尚并兼具经典。

3) 店铺产品货架陈列与展示：货品陈列与展示风格独特、表现形式多元；货量丰富、疏密有序；风格主题突出，区域分隔明确。

4) 店铺试衣间：试衣间品质的高低是品牌质量的试金石。试衣间风格可以不同，但要给人名贵感；明亮、整洁、清新、安全。

5) 店铺公共环境：多元素的店铺公共环境；多材质的店铺公共环境；独一无二的生活体验。

6) 店铺休息区域：店铺休息区是营造生活多元化的一点。休息区风格是个性化的，将传统与现代交流，个性化极强。

DIESEL 是浅显而虚幻的超现实。DIESEL 的崛起证明建造一个时尚品牌沟通与产品同样重要。

实施后果 据世界品牌实验室（World Brand Lab）2006 年全球 500 强品牌排名显示：意大利 DIESEL 在全球所有行业品牌经营中名列 119 位。

问题引出 20 世纪 90 年代中期以来，中国许多服装企业已经深刻认识到品牌终端形象塑造对品牌建设的重要意义。为此，中国服装企业开始全方位地向西方一流品牌学习终端形象的包装形式与内容。其中，连锁经营的标准化技术深得中国服装经营者的崇拜。在这种思想的推进下，品牌终端形象的竞争从混乱走向统一。然而，新的问题出现了：1、竞争使同一品牌在不同区域出现了多元化；2、竞争又使不同品牌在同一市场出现了同质化。

个案步骤 为不同区域、不同市场全方位地创造独一无二的店铺形象。努力使来自不同文化背景的消费者都能认同 DIESEL。

理论依据 1) 现实社会结构理论（social construction of reality theory）认为，在同一种文化中的人也共同分享"进行程序中互换"的含义。一般事物对你具有的含义对我也具有同样的含义，这些事物被称之为具有"客观"含义的符号（symbols）。但是对生活中另外一些事物，我们给它们制定"客观"含义，这些事物我们称之为标志（signs）。随着时间的推移，人们把通过文化交互活动得到的标志和符号集合起来，形成了典型化格式——对一些现象或情况制定含义的综合。这些典型化格式构成了人们在"日常生活中的主要习惯上，不仅是对其他人的典型化……也是对所有类型的时间和经历的典型化"的理解和行为的文化背景。

2) 一个公司必须努力寻找能使它的产品产生差异化的特定的方法，以赢得竞争优势。

核心难点 每一个店铺设计都需要一个全新设计，这一点无疑向品牌公司提出了一个挑战——需要拥有一大批设计创意团队，需要拥有一套成熟的设计管理模式。

人为假设 如果没有"For successful living"的时尚哲学，如果不实施差异化品牌战略，那么 DIESEL 靠什么力量成为国际时尚业的领先品牌？

分析结论 结论只有一个：与所有参与竞争的品牌类同化，将会失去消费者，失去市场……

学习思考 1) 中国服装企业，特别是中小企业，如何实施服装品牌形象差异化战略？

2) 中国服装品牌如何在面临缺乏设计创意团队的生存环境下实现品牌形象的跨越式提升。

3) 中国服装经营者如何为旗下品牌创造一套合适的设计管理模式。

参考文献 1)《Fashion Brands》. Mark TUNGATE. Kogan Page Ltd, 2005.

2)《大众传播概论——媒介认知与文化》. [美] 斯坦利·J·巴伦 著，刘鸿英 译. 中国人民大学出版社，2005.

3)《营销管理——分析、计划、执行与控制》(第9版). (美) 科特勒著，梅汝和等译. 上海人民出版社，1999.

11.2 PRADA案例：奢侈品店中的全新购物体验

面临问题 奢侈品市场的激烈竞争下，同时受平价时尚品牌的冲击，Prada品牌如何为顾客营造一种强调Prada个性的独特服务体验？

解决方案 设计科技化与人性化的崭新风格旗舰店，提供"奢华服务"。

案例全程 1999年Prada委托都市建筑公司（OMA）和荷兰建筑大师雷姆·库哈斯（Rem Koolhaas）研究彻底改造其传统零售方式的方法，设计发展四大全新购物体验的店面——"焦点（Epicenter）"。OMA受委托为Prada设计三间总店，地点分别位于纽约、洛杉矶和三藩市（第四间位于东京的总店由瑞士建筑师Herzog & de Meuron设计）。纽约总店的店面外观设计完成后，OMA的分公司AMO接手拓展室内的技术系统，设计整套适合于店内使用的技术系统、内容数据库，以及可以将总店与国际互联网联接起来的网站雏型。

实施后果 2001年12月15日，位于纽约SOHO区百老汇街575号的首间Epicenter旗舰店开张。Prada总店拥有23 000平方英尺的空间，波浪形结构的设计为店内创造出一个可进行各种表演的开放空间。展示鞋子的台阶同时也是可以容纳200名观众的观众席。Prada公司和Prada基金会已计划在店内主办一定数量的文化活动，包括电影节目、演讲和系列表演活动。

Prada总店运用一系列技术更好地服务顾客：

1) 手提式无线数据终端机：店员可随时掌握最新的存货量和顾客资料，扫描辨识产品和职员的无线射频（RFID）电子标签，及通过顾客的个人卡辨识顾客，控制整个店中的录像播放；

2) 信息提供：顾客可以在试衣间里直接获取所试穿产品的详细介绍、替换品和补充内容，而且可以将之存入个人的网络账户；

3) 试衣效果：视像"魔镜"不仅可以照到顾客的背部，而且还具有延迟播放功能，多种灯光设定让顾客可改变试衣间内的明暗，试衣间的门还可变成透明，让等在门外的顾客同伴也能看到试衣效果；

4）网络体系：顾客在店内建立的销售关系将扩展到虚拟的网络世界中。

问题引出 1）Prada 如何重塑其品牌服务？

2）Prada 总店的"全新购物体验"核心在于什么方面？

3）如何通过店铺销售唤起顾客共鸣？

个案步骤 1）革新传统销售方法，打造全新购物体验旗舰店"Epicenter"；

2）奢华的建筑设计、拓展室内的技术系统、内容数据库和网络服务。

理论依据 体验经济，是指企业以服务为重心，以商品为素材，为消费者创造出值得回忆的感受，传统经济主要注重产品的功能强大、外型美观、价格优势，现在趋势则是从生活与情境出发，塑造感官体验及思维认同，以此抓住消费者的注意力，改变消费行为，并为产品找到新的生存空间与价值。

体验经济：在生产行为上以提升服务为首，并以商品为道具；消费行为则追求感性与情境的诉求，创造值得消费者回忆的活动，并注重与商品的互动。

"人们所逐渐认同的核心思想是——要购买那些能够给我们带来个性化生活的东西；要购买那些能够让我们创造自己、了解自己的东西；购买那些能够让我们实现心理自主的帮助和服务。"

核心难点 1）在众多各具特色的奢侈品品牌中，发展独特的品牌服务方式；

2）通过哪些方式创造全新互动式的购物体验，给奢侈品消费者高端的购物享受；

3）如何将建筑设计与室内软件设计、顾客服务乃至与网络服务完美结合。

人为假设 1）如果 Prada 不采用设计全新"Epicenter"的方式提供高端服务，而坚持采用传统服务方式，其顾客群会不会发生变化？

2）Prada 的"Epicenter"设计是否会迅速被其他品牌学习并进行复制？

分析结论 1）随着世界奢侈品牌的迅速扩张，Prada 品牌也走入各个国家地区，单是规模的扩大会导致不可避免的商业化，如此循环往复下去，就会疏远那些最初使 Prada 如此成功的重要的顾客群，这群顾客之所以喜爱 Prada，是因为其既具有意大利时装的典雅，又敢于在设计和材料上大胆尝试。通过"Epicenter"来重塑 Prada 作为奢侈品牌的形象，无疑是保持原有的顶级顾客的最直接方法。

2）虽然国际知名品牌 H&M、ZARA 等保持迅速复制等经营理念，并且也已采用 RFID 系统用于全球产品快速反应，但如果想要复制 Prada 的全新

"Epicenter"专卖店还是有相当大困难的。Prada 从研究、设计到完成其第一个品牌旗舰店花了近 3 年的时间，并斥巨资邀请全球最知名的建筑师和室内设计、系统设计团队，这种顶级服务的背后所需要的巨大财力、人力和时间支持是其他品牌在短时间内难以完成的，也正是因为如此，才使得 Prada 品牌和其"奢侈品"的地位相一致。

学习思考

1）虽然中国的奢侈品消费还刚刚起步，但国际众多品牌已经看好中国，纷纷开设旗舰店。正如 Prada 亚太区 CEO Mr. Suhl 所言："中国市场是世界上最大也是发展最快的市场。同时，从历史来看，它有最古老、丰富的文化底蕴。"面对这样一个正在起步且拥有自己的文化氛围的市场，奢侈品牌可以复制在欧洲等其他国家的成功经验吗？

2）处于中档市场的服装品牌能否借鉴这种体验式服务模式，发展具有自己特色的品牌服务呢？

图　Prada 纽约总店

参考文献

1）《支持型经济》.（美）詹姆斯·马克斯. 中信出版社，2004.

2）http://www.prada.com/（Prada 官方网站）

3）http://www.rfid360.com（RFID 资讯网）

4）http://www.yoka.com（YOKA 时尚网）

5）《薪火》国际设计信息月刊

6）全球品牌网 http://www.globrand.com/2005/04/08/20050408-163149.shtml

12
BRAND
PROPERTY
CASE
STUDY

品牌资产案例

12. 品牌资产案例

12.1. Giorgio Armani 案例：品牌延伸——品牌资产增值的捷径

面临问题 Giorgio Armani 是崛起于 20 世纪 80 年代、定位高端的意大利服装名牌。然而，进入 90 年代以后，欧美国家普遍经历的经济不景气使得"买得起的服装"备受各阶层消费者的青睐。进入 21 世纪后，虽然西方各国经济有所复苏，但环境保护、绿色生产和消费理念已深入人心，平素充实的生活方法风行全球。作为高档服装品牌的 Giorgio Armani 该如何应对消费者兴趣的转移和时装大众化的潮流？它又该如何满足品牌经营者在扩大市场的同时，继续在高端市场获取更高利润的欲望呢？

解决方案 在保持原有设计格调的基础上，在保证质量的前提下，降低材质及销售成本，以相对较低的价格推出多个副线服装品牌，如 Emporio Armani、A/X Armani Exchange、Armani Jeans 等，将目标消费群向下扩展，进行品牌的纵向延伸。

在保持设计风格、理念和品质的一致性前提下，以最大限度满足目标消费者全方位"生活方式"的需求为出发点，利用现有高端消费者对 Giorgio Armani 品牌的心理依赖，将产品类别扩展到目标顾客的穿、住、用、戴等各个方面，如香水（Armani Mania for men and Sensi for women）、眼镜、手表、袜类、紧身衣、手机（Giorgio Armani-Samsung）、酒店和度假村（Armani Hotels and Resorts）、珠宝（Emporio Armani Jewellery）、化妆品（Giorgio Armani Cosmetics）、家具及家庭装饰品（Armani Casa）领域，进行品牌的横向延伸。

案例全程 1975 年，与赛尔焦·加莱奥蒂（Sergio Galeotti）合作，在意大利米兰建立了 Giorgio Armani 公司。

1980 年与欧莱雅公司（前 H. Rubinstein）签订香水生产许可协议。

1981 年，在米兰开出第一家 Emporio Armani 店。

1986 年，第一家 Armani Junior 店在米兰开张。

1988 年，与卢森提卡集团公司（Luxottica Group）签订眼镜生产许可协议。

1991 年，第一家 A/X Armani Exchange 店在纽约开张。

1997 年，第一批 Giorgio Armani Collezioni 店在米兰、伦敦、东京开张。第一家 Armani Jeans 店在罗马开张。

1999 年，新建配饰部门。

2000 年，Giorgio Armani Cosmetics 化妆品系列上市。第一家 Armani Casa 家居店在米兰开张。第一家多品牌全球旗舰店在米兰的 Manzoni 31 开张。

2002 年，在美国的 giorgioarmani. com 网上销售 Emporio Armani 手表。

2004 年，Armani 集团授予 Wolford 公司在全球范围内制造销售 Giorgio Armani 袜类与紧身衣系列的多年许可证。Giorgio Armani 公司和地产商 EMAAR Properties PJSC 签署了在全球建立 Armani 奢华酒店与度假村的意向书。

2007 年，乔治·阿玛尼（Giorgio Armani）宣布，将与三星电子合作，共同开发一系列高端电子产品。2007 年 9 月 24 日，两者合作的第一项产品：一款信用卡大小的手机，在意大利米兰发布。11 月将在欧洲上市，价格为 650 欧元。预计 2008 年 1 月阿玛尼和三星再将推出一款同样定位尊贵的电视机产品。

实施后果 如今的 Armani 集团是世界领先的时装与奢侈品集团之一，集团拥有 4 900 名员工和 13 家工厂。集团设计、生产、批发和零售包括服装、饰品、眼镜、手表、珠宝、家居用品、香水、化妆品、护肤品在内的各种时尚生活用品，现有的零售网络遍布全球 46 个国家，包括：73 家 Giorgio Armani 精品时装店、12 家 Armani Collezioni 店、140 家 Emporio Armani 店、115 家 A/X Armani Exchange 店、18 家 AJ/Armani Jeans 店、7 家 Armani Junior 店、1 家 Giorgio Armani Accessori 饰品店和 25 家 Armani Casa 家居店。

公司 2006 年的增长势头强劲，集团旗下各品牌、各产品品类、各地理区域均表现不俗，零售总额超过 50 亿欧元，批发总额达 20.64 亿欧元。集团多年来坚持的多品牌经营战略为营业额和利润的逐年递增打下了坚实基础。Armani 集团被《经济学家》称为"奢侈品领域品牌延伸的先锋"。

问题引出 Armani 集团看似繁杂的品牌延伸有何内在逻辑联系？

个案步骤 1) 纵向延伸（同一产品大类的细分市场的跨越）：核心品牌（Giorgio Armani）的知名度集中在流行传播中位于高层的目标消费群，利用时尚的向下传递，以相对较低的价位将产品延续到相邻的社会群落。另外，在目标消费群的年龄层次上也作向下拓展，派生出 Armani Junior（青少年装）和 Armani Baby（婴儿装）品牌。

2) 横向延伸（针对同一细分市场的产品大类的拓展）：消费者对自己喜爱的品牌爱屋及乌，在生活中喜欢优先使用心爱品牌的多种产品，通过品牌来传达其生活方式。Armani 集团把营销的注意力从产品转移到身份识别功能，全方位地满足目标消费者。比如身着 Giorgio Armani 服装的成功人士住进 Armani 奢华酒店，用 Giorgio Armani-Samsung 手机向家人报平安，而此时，其家人正坐在 Armani Casa 的椅子上抹着 Giorgio Armani Skincare 护肤用品呢。

理论依据 品牌延伸理论：通常是指将现有产品的名称应用于不同的产品门类中，以推广新产品。品牌延伸是企业在现有客户忠诚度基础上对其所提供产品范围的延伸。客户忠诚度越高，新产品获得成功的可能性越大，从而使得品牌延伸成为一项低风险扩张策略。品牌延伸与品牌多样化不同，后者是在同一市场上用不同品牌名称的类似产品满足类似客户的需求。

核心难点 借用核心品牌 Giorgio Armani 的驱动力，针对不同的目标市场及不同的需求发展出不同的品牌和产品品类，充分挖掘 Armani 品牌的潜力，又不损害核心品牌形象。

人为假设 如果 Armani 集团没有实施大规模的品牌延伸战略，它能有今日的辉煌战绩吗？

分析结论 不可能。Armani 集团通过实施品牌延伸战略，最大限度地扩大了品牌知名度和影响力，因为每新增加一种产品，势必增加品牌的总体使用人次，使顾客多产生一次品牌体验和联想，增加一次品牌传播的机会。而延伸出来的品牌进入新的行业或产品类别后，可以借助母品牌的知名度得以快速传播，还有可能借用原有的顾客资源、渠道、研发、采购优势，减小商业风险，产生最大边际利润，实现品牌资产增值。

有 2006 年的年报数据为证，该年集团的批发总额比上年增加 11%，各块产品类别分别增加：珠宝 +41%，眼镜 Eyewear +20%；手表 +17%，香水和化妆品 +14%，家居用品 +13%；饰品 +15%，唯一低于平均增长水平的是其"主业"—服装 +7%。这些数据有力地证明延伸的品牌已是 Armani 集团的业务增长主力，成为新的利润增长点。

学习思考 多元化品牌延伸战略的成功实施，无疑给一些小有成就的中国服装品牌树立了令人垂涎的榜样。但是如果延伸的冲动仅仅来自缓解短期利润压力和自我膨胀的需要，而非经过审慎的规划，那品牌延伸可能不仅成不了盛宴，反而会是噩梦的开始。

在实施品牌延伸战略之前，不妨问自己两个问题：
1）你的主导品牌足够强大吗？
2）延伸出来的品牌或产品符合主导品牌的核心价值吗？

参考文献
1) Giorgio Armani 官方网站相关资料整理
2) Giorgio Armani 2006 年年报
3) 英汉帕尔格雷夫营销词典. Jonathan Sutherland, Diane Canwell 著，李伟杰，宋炎翻译，康以同审校. 中国金融出版社，2007.

12.2 GUCCI 案例：血雨腥风的品牌并购

面临问题 如何收购国际一线品牌

解决方案 引入"时尚风险"资本

案例全程 1) 1921 年～1953 年（创业期），第一代掌门人完全控股 GUCCI

- 1921 年，古奇欧·古奇在佛罗伦萨维尼亚努奥巴创立第一家古奇欧·古奇皮箱店（Valigeria Guccio Gucci）。
- 1922 年，公司更名为古奇欧·古奇独资公司（Azienda Individuale Guccio Gucci）。
- 1923 年，完成 GUCCI 品牌登记注册。
- 1924 年，古奇欧·古奇惟一女儿葛玛达之夫乔凡拿出自己的积蓄资助古奇，从而将古奇事业从濒临破产的危险境地拉回。

2) 1953 年～1974 年（扩张期），第二代继承人均衡控股 GUCCI

- 1953 年 11 月，GUCCI 品牌第一代掌门人古奇欧·古奇因心脏病突发去世。在财产分配上，他将自己惟一女儿葛玛达排除在外，理由仅仅是她是一个女人。从而，导致了第一次家庭裂痕。GUCCI 品牌由艾度、法斯卡和罗多佛平均控股。
- 为了筹措更多的扩张资金，艾度在 1971 年召开董事会，要求大家重新审视父亲古奇欧订下的主要经营原则，公司所有权究竟是否必须由古奇家庭牢牢掌控。在 2 比 1 的表决结果下，不仅艾度的计划全无可能实现，而且还决定至少 100 年内不允许向外出售股权。
- 1972 年，古奇香水国际有限公司（Gucci Perfume International Limited）诞生。不过对艾度来说，借助新成立的香水公司，他可以吸引三个儿子更多地参与到家族事业的管理中来。

3) 1974 年～1983 年（重组期），第二、三代继承人联合控股 GUCCI

- 1974 年 5 月 31 日，法斯卡死于肺癌。根据意大利遗产法规定，由于法斯卡没有子嗣，因此他名下的股权应由妻子玛利亚全部继承。为了保持古奇的家族所有权，艾度和罗多佛提议改用现金替代股票，令他们欣慰的是，玛利亚同意了。这样，艾度和罗多佛成为 GUCCI 王朝的控股股东，两人势均力敌，各持有一半股权。

● 当时，罗多佛正因为莫里吉奥（其独生子）的大胆反叛咬牙切齿，威胁要剥夺他的继承权；而艾度却认为该放手让三个儿子加入古奇家族的管理决策中来了。于是他拿出 10％的股权，平分给三个儿子。这样，乔吉欧、宝洛和罗贝托就各拥有 3.3％的股权。身为父亲，艾度的确慷慨而公正，但他却忽略了一点：他的任何一个儿子和罗多佛联合起来，都将拥有 53.3％的股权，意味着在董事会议中拥有压倒性优势。

● 1975 年，艾度对踯躅不前的香水公司进行重组，并授权香水界前辈万宁（Mennen）负责 GUCCI 香水的开发和销售。重组后的香水公司所有权由艾度、罗多佛以及艾度的三个儿子平分，每人占有 20％的股份。

● 1980 年，在德·索尔的协助下，罗多佛制定出一套把香水公司并入母公司的方案。

● 1981 年，艾度和罗多佛兄弟俩彻底调整了 GUCCI 王朝的结构：将古奇欧·古奇母公司和包括香水公司在内的所有姊妹公司合并为古奇欧·古奇 SPA (Guccio Gucci SPA)，并在米兰上市。艾度的三个儿子各取得 11％的股份，艾度则为 17％。

● 1983 年 5 月 14 日，罗多佛去世。莫里吉奥继承了罗多佛全部遗产。艾度知道弟弟的死会打破 GUCCI 王朝一直遵循的权力划分原则：第一，公司必须由家族成员掌控，只有家族成员有权决定公司发展方向；第二，他们将公司业务分为两大块——艾度负责 GUCCI 美国公司和零售网络，而罗多佛主管古奇欧·古奇公司和意大利生产。

4) 1983 年～1989 年（并购期），古奇家族成员与第三方联合控股 GUCCI

● 莫里吉奥提出了将 GUCCI 公司发展为全球奢侈品集团的新愿景：专业化的国际管理模式，高效快捷的设计、生产、销售流程，成熟完备的营销战术。

● 1984 年 6 月 18 日，莫里吉奥与宝洛在日内瓦会面，商讨 GUCCI 股份转让等合作事宜。同年 10 月 31 日，古奇家族成员在纽约签约。11 月 29 日佛罗伦萨股东会上通过决议。七席股东中，莫里吉奥占有四席，并被提名为古奇欧·古奇公司董事长。

● 1985 年 6 月，伯父艾度和堂兄们搜集详细文件，并把证人签名的重要证据送交当局，指控莫里吉奥为了避税，涉嫌在股票转让书上伪造父亲签名。1985年9月8日，案情尚未明朗之前，米兰法院暂时扣押了莫里吉奥持有的50%公司股权。在律师积极协助下，9月24日法院暂时解除对莫里吉奥的股权扣押。

- 1985年12月18日，艾度与两个儿子秘密签署协议，将他在古奇欧·古奇剩余40%的股份转让给乔吉欧和罗贝托。
- 1987年6月23日，米兰法官签发逮捕令，指控莫里吉奥非法挪用公款购买"克里欧号"。为此，莫里吉奥逃往不会因为金融犯罪引渡他回意大利的瑞士。
- 1987年7月17日，法院组建董事会，任命大学教授玛莉亚·马特里尼担任董事长。至此，GUCCI公司的行政管理权首次落入外人之手。
- 1987年9月，莫里吉奥飞往伦敦，与阿拉伯人内米尔·克达（Nemir Kirdar）1982年创立的投资集团洽谈合作事宜，即"马鞍计划"——重塑品牌知名度、实现专业化管理、统一股东成员。
- 1987年10月，投资集团以4000万美元买下宝洛的股权。宝洛出售股权的决定标志着GUCCI品牌发展史上的重要转折点。
- 1987年11月28日，佛罗伦萨法院宣判莫里吉奥将资金移至海外的行为无罪。
- 1988年3月，摩根士丹利公司陆续与乔吉欧和罗贝托达成协议。罗贝托留了2.2%的股权，想抓住最后一根救命稻草，与莫里吉奥能一起掌控公司。1988年6月，投资集团决定现身，宣布已从摩根士丹利手上买下"近五成古奇股权"，而且与罗贝托就其手上剩余2.2%的股权达成协议。直至次年3月，眼见与莫里吉奥合作无望，罗贝托才彻底放弃持股。这样投资集团收购了GUCCI的50%股权，成为古奇家族企业史上另一个重要转折点。

5) 1990年～1993年（整合期），古奇家族完全失去GUCCI

- 1990年1月，莫里吉奥与投资集团顺利达成协议，以3.5亿美元买下对方持有的50%的GUCCI股权。由于经营不善，没有一家银行愿意贷款给莫里吉奥。
- 1993年9月23日星期五，莫里吉奥作出了愿意出售股权的决定，并以1.2亿美元与投资集团成交。

6) 1993年～1997年（重生期），GUCCI成为完全公开发行的公司

- 1993年9月26日星期一，这是投资集团完全控制GUCCI后的第一个工作日。
- 1996年4月，投资集团又完成了更为成功的第二次上市计划。
- 1997年9月，GUCCI持续两年的销售量暴涨和股价飞扬戛然而止。为此，GUCCI的首席执行官（CEO）德·索尔提出一项旨在防止被恶意收购的提

案：单独股东不论占有多大股份，在股东大会上最多只能有20%的投票权。11月，GUCCI的股东们否决了这个提案。

7) 1998年～（反接管），GUCCI挫败恶意收购

- 1998年6月，PRADA宣布买进GUCCI9.5%的股权而成为最大股东。
- 1999年1月，LVMH已买进GUCCI34.4%的股权，总值约14.4亿美元。
- 1999年2月18日，GUCCI宣布向GUCCI员工配发3700万股普通股，这样LVMH持有的GUCCI股份立刻被稀释为25.6%。
- 1999年3月19日，皮诺特（PPR集团创始人）和GUCCI向外界发布惊人消息：除了把刚刚10亿美元买下的莎诺菲公司交给GUCCI管理外，佛朗索瓦·皮诺特已投资30亿美元买进GUCCI的40%（后增至42%）股票。至此，LVMH集团恶意收购GUCCI的争夺战宣告结束。

实施后果 1) 据世界品牌实验室（World Brand Lab）2006年全球500强品牌排名显示：GUCCI在全球所有行业品牌经营中位列93位。

三个阶段	时间跨度	七个时期	经营时间	GUCCI品牌管理重点
家族控股	1921年～1983年	创业期	1921年～1953年	第一代掌门人完全控股管理
		扩张期	1953年～1974年	第二代继承人均衡控股管理
		重组期	1974年～1983年	第二、三代继承人联合控股
联合控股	1983年～1989年	并购期	1983年～1989年	古奇家族成员与第三方联合控股管理
机构控股	1990年～至今	整合期	1990年～1993年	古奇家族失去控股管理
		重生期	1993年～1997年	完全公开发行公司，实施机构控股管理
		反接管	1998年～至今	古奇挫败恶意收购，实施机构控股管理

2) 全球第二大奢侈品集团PPR（Pinault-Printemps-Redoute）的领军品牌。

问题引出 1) 如何持续保持一个品牌在不同生命周期的旺盛生命力？

2) 如何进行品牌资产有效管理？

个案步骤 GUCCI品牌资产所有权的演变经历了三个阶段七个时期，典型反映了一个家族品牌蜕变成国际品牌的一般历程，参见GUCCI品牌资产所有权的演变表。

理论依据 1) 随着企业的成长老化，由于缺乏灵活性或自我控制力所引起的困难总会反复出现，这是预料之中的事，管理人员一般称之为"问题"。管理的本质并不是营造一个根本没有问题的环境，而是引导企业进入盛年，这样做的过

程中，实际上把一类问题转化成了另一类问题。

成功管理的关键不是排除所有的问题，而是把注意力集中到企业目前的生命阶段所存在的问题上，这样企业才能成长并成熟起来，去面对下一个生命阶段所存在的问题。

2) 科斯定理（罗纳德·科斯，英国经济学家，揭示并澄清经济制度结构和函数中交易费用和产权的重要性，从而获得1991年诺贝尔经济学奖）：一种观点，认为如果私人各方可以无成本地就资源配置进行协商，那么，他们就可以自己解决外部性问题。

外部性：一个人的行为对旁观者福利的影响。

科斯定理说明，私人经济主体可以解决他们之间的外部性问题。无论最初的权利如何分配，有关各方总可以达成一种协议，在这种协议中每个人的状况都可以变好，而且，结果是有效率的。

核心难点 如何在争取一流品牌领导权利益再分配中胜出？

人为假设 如果GUCCI没有从家族控股品牌演变成机构控股品牌，GUCCI品牌会有今天的成就吗？

分析结论 1) 纵观GUCCI品牌的发展史，如果没有对GUCCI品牌不断进行资产重组，GUCCI品牌的发展会因为资金短缺而夭折。

2) 然而，资产重组并不能真正解决GUCCI品牌的发展瓶颈，1993年9月26日对GUCCI品牌的管理重组则引领GUCCI走向崭新的巅峰。

学习思考 面对中国服装品牌建设事业的飞速发展，我们应该向意大利GUCCI品牌学点什么？

参考文献 1)《古奇王朝——世界上最时尚家族的情感、势力与脆弱》.（美）弗登著，辛艳译. 中信出版社，2005.

2)《企业生命周期》.［美］伊查克 爱迪思. 中国社会科学出版社，1997.

3)《经济学原理》.（美）曼昆 著. 机械工业出版社，2003.

12.3. LOUIS VUITTON 案例：意义非凡的遗嘱

面临问题 如何确保已经成名的 LOUIS VUITTON 品牌世代相传？

解决方案 以法律文件的形式将 LOUIS VUITTON 品牌完整保留下来

案例全程
1) 1891 年，当 LOUIS VUITTON 公司的互助基金开始启动的时候，路易本人的身体越来越差，几乎不能外出，路易开始着手编写阿尼埃尔制作的所有商品的详细目录，这一意义重大的创举成了家庭历史的转折点。他希望把他生命中所有的东西收集起来。这不只是一本目录，还是一份遗嘱。更是以他自己的署名，对未来的一份声明。

2) 考虑到这本目录带来的商业利益，乔治非常赞同父亲，但是他没有马上注意到这份署名的资料将禁止他今后得到路易的所有发明。

3) 路易很仔细地撰写着发明的每一个细节，没有忽略涉及到的任何技术内容。甚至在法语内容撰写结束前就开始让人翻译成英文。

4) 在其中，路易插放了两个公司的广告，因为这两个公司的客人都是他的潜在客人。

实施后果 路易完成的不仅是一个简单的配有插图的产品手册，他成功地让他的名字和姓氏留在了每一件行李箱上。每一页上、每一个款式都有路易·威登（LOUIS VUITTON）的名字。未来都在他的控制之下，即使他不在了，开头字母 LV 依旧在那儿替他发言。

问题引出
1) 为什么路易·威登晚年要编写"品牌商品目录"作为遗嘱？

2) 品牌商品目录在 LOUIS VUITTON 品牌发明史上的意义和价值是什么？

个案步骤
1) LOUIS VUITTON 品牌的经营者已经从路易·威登本人变成其儿子乔治·威登；

2) 将 LOUIS VUITTON 品牌完整保留下来的基本步骤：汇集所有商品——

公布发明细节——编制技术内容——签署 LOUIS VUITTON 名字——增设客户广告——两种法律文本（法文和英文）——完成35页商品目录——以遗嘱的法律形式正式确定

理论依据 1) 关于"战略（Stratagem）"：① 在军事学中，战略有"战争中欺蒙并智胜敌人的计谋或策略"或"为达到某一目的而巧妙策划的诡计或策略"之词，源于希腊语。② 现代"战略"含义：提供政策支持的科学和方法；一门利用有利条件进行政策实施的科学和艺术；带有进行全局性策划和指导之意；也包含局部细节的方案制定或计划设计。

2) 为什么需要战略：① 每个组织都有自己的经营之道，即一套自己的假设，涉及组织的业务、组织的目标、规定目标的方法、组织的客户、客户的价值和客户的需要。② 战略将经营之道转化为绩效。它的目的是帮助组织在不可预知的环境中取得预期的成效。战略有助于组织有目的地抓住一切有利机会。③ 战略也是对经营之道的检验。若在战略的指导下无法取得预期的成效，这就是需要重新思考经营之道的第一个严重警告。而意外取得成功，也是需要重新审视经营之道的第一个信号。实际上，如果没有战略，"机会"也就不能称其为机会。

3) 品牌在营销战略中的地位：① 品牌能在动荡变化的世界中提供某种确定性，帮助人们做出日常生活中的很多选择。② 在后工业时代，商标向人们展示的是美丽的画卷和个性化的体验，通过一个符号或单词，引起和传达的却是海洋般丰富的感受和理念。透过广告、新闻、闲聊、情绪、偶然的接触或刻意的研究等的影响，消费者在做各种判断时，绝非仅仅考虑品牌所代表的产品和服务，还要看拥有该品牌的公司，管理品牌的人，这些管理者的动机、决策、举措和来历等诸多因素。

核心难点 1) 路易·威登创造性地将遗嘱以"品牌商品目录"的形式给予法律化；
2) 所有品牌商品均标上路易·威登的名字，避免了这些商品在未来可能引起的发明归属问题，确立了 LOUIS VUITTON 品牌对消费者的权益保护。

人为假设 如果没有编制法律文件——"品牌商品目录"，那么 LOUIS VUITTON 品牌将何去何从？

分析结论 1) 如果没有 LOUIS VUITTON 品牌商品目录以遗嘱形式流传下来，LOUIS VUITTON 品牌就可能因其家族成员在不同时期的经营理念、意志而造成品牌的变异，VUITTON 品牌或其它相关品牌就可能完全替代

LOUIS VUITTON，也就不可能有作为当今国际奢侈品品牌的代表LV品牌的存在。

2) 编写LOUIS VUITTON品牌商品目录本身是一种商业行为，并得到了其野心勃勃的儿子乔治的大力支持。但是，路易·威登却以品牌商品目录为掩护，成功地将其以遗嘱的形式给予法律化，彻底破灭了其儿子乔治独立门户的梦想，挽救了具有法国皇室背景的LOUIS VUITTON品牌。LOUIS VUITTON品牌商品目录可看作为路易·威登对品牌及其价值的深谋远虑，堪称品牌保护的经典。

学习思考

1) 20世纪80年代初，中国服装企业开始对品牌有了感性认识。20世纪90年代中期，中国服装企业则真正进行了品牌化运作。在二十余年的创业，中国服装品牌经营者是否同样面临着品牌延续的历史使命？中国服装品牌经营者是否会因为溺爱自己的接班人而放弃了品牌生存的一般原则？会不会使品牌赖以生存的基因发生变异？

2) 中国服装品牌经营者应该通过怎样的法律形式将其经营的品牌理念、风格、文化保留下来并发扬光大？

参考文献

1) 《路易·威登——个品牌的神话》.（法）博维希尼著，李爽译. 中信出版社，2006.

2) 《服装营销——战略·设计·运作》. 万艳敏等. 中国纺织大学出版社，2001.

3) 《21世纪的管理挑战》.［美］彼得·德鲁克著，朱雁斌译. 机械工业出版社，2006.

4) 《品牌生存》.［英］凯文·德劳鲍夫著. 电子工业出版社，2003.

13
MANAGEMENT
TEAM
CASE
STUDY

管理团队案例

13. 管理团队案例

13.1. Valentino 案例：分而治之——华伦天奴家族的痛

面临问题 自第一个 Valentino 品牌出现以来，服装业出现了众多以 Valentino 为品牌名的企业，它们之间的关系既有行业竞争，也涉及家庭矛盾。如何统一这些 Valentino？

解决方案 分而治之，划地为界

案例全程
1) 第一个 Valentino：1908 年，云仙叟·华伦天奴（Vincenzo Valentino）在意大利那不勒斯创立"华伦天奴（Valentino）"品牌。1954 年，家族第二代继承人玛丽欧·华伦天奴（Mario Valentino）发展鞋类设计。1991 年玛丽欧辞世，品牌由家族第三代维琴佐·华伦天奴接管。

2) 第二个 Valentino：1956 年，华伦天奴的第三代子孙卓凡尼·华伦天奴（维琴佐·华伦天奴的弟弟）创立以"卓凡尼·华伦天奴（Giovani Valentino）"命名的全新的华伦天奴品牌。

3) 第三个 Valentino：意大利设计师华伦天奴·格拉瓦尼（Valentino Garavani），在 1962 年时创立了 Valentino 女装品牌，在荷兰注册了另一个"华伦天奴（Valentino）"品牌，成为意大利的女装奢侈品牌，并在欧洲一举成名。

实施后果 1978 年，华伦天奴家族和华伦天奴·格拉瓦尼达成协议，两方将采取分兵而治，华伦天奴·格拉瓦尼在服装类产品上拥有"Valentino"商标专用权；玛丽欧·华伦天奴在皮鞋以及皮具类产品上拥有"Valentino"商标专用权；而卓凡尼·华伦天奴既可以生产鞋类皮革制品，也可以生产服装，但是产品必须用商标全称"Giovani Valentino"。

问题引出
1) 市场上如何会出现多个华伦天奴品牌？
2) 消费者并不能清晰的了解各个华伦天奴的品牌发展，如何统一纷乱复杂的市场？

个案步骤
1) 家族内部的利益矛盾首先导致"Giovani Valentino"的诞生，而对品牌保护的忽视使得市场出现另一个"Valentino"；
2) 根据玛丽欧·华伦天奴和华伦天奴·格拉瓦尼各自专注的市场，将"Valentino"品牌的使用权进行划分；
3) 允许卓凡尼·华伦天奴用"Giovani Valentino"发展品牌。

理论依据 商标权具有严格的地域性，在哪个国家取得的权利也只能在哪个国家获得保护，在其他国家是不承认其权利的。要使这些商标在所销售的国家获得保护，就必须通过一定的方式履行一定的手续。在目前，主要是二种方式：一是直接向所在国申请商标注册；二是通过商标国际注册的领土延伸。商标国际注册是指按照《商标国际注册马德里协定》、《商标国际注册马德里协定有关议定书》（以下分别简称协定、议定书）由世界知识产权组织国际局所进行的商标注册。国际注册的商标可以通过领土延伸在指定的协定及议定书缔约国直接受到法律保护，从而产生与在这些国家逐一进行商标注册相同的法律效力。目前，协定的成员国共有 40 多个，主要的是：中国、阿尔及利亚、德国、奥地利、比利时、卢森堡、荷兰、保加利亚、埃及、西班牙、法国、匈牙利、意大利、列支敦士登、摩洛哥、摩纳哥、蒙古、葡萄牙、朝鲜、罗马尼亚、圣马力诺、苏丹、瑞士、越南、古巴、波兰、俄罗斯及部分前苏联国家等。议定书的成员国有十多个，主要有：中国、西班牙、英国、德国、丹麦、挪威、芬兰、瑞典、古巴、捷克、朝鲜、摩纳哥、波兰。

核心难点 1) 一个品牌由两个公司分别管理，如何保证品牌形象和风格的统一？

2) 首次允许以"Giovani Valentino"增加前缀的形式发展品牌，怎样保证"Valentino"不会被滥用品牌？

人为假设 1) 分而治之的解决方法是否有效？

2) 多个公司同时拥有华伦天奴的使用权，会不会为品牌发展带来隐患？

分析结论 1) 短期内有一定效果，让几个品牌在一段时间内相安无事。

2) 会。随着品牌的发展已经可以看到，华伦天奴家族在现阶段成为三足鼎立的态势，即：格拉瓦尼、玛丽欧和卓凡尼。由于三方的独立经营，容易造成各方为了自己利益品牌滥用，而对于品牌维护却都相对懈怠和有依赖性。而华伦天奴在中国屡遭侵权的根源，还是因为没有统一的品牌管理和维护。

学习思考 1) 华伦天奴分而治之为中国的家族企业发展带来哪些警示？

2) 华伦天奴若要在中国重塑品牌形象，应该采取哪些措施？

3) 中国是否允许多个经营者共享一个品牌（法律）？这样的注册方式引起的问题是什么（利弊）？

13.2 Ermenegildo Zegna 案例：伟大的家庭建立伟大的公司

面临问题 家族企业经历一段创业辉煌后，面临着成长的挑战。企业成长意味着管理资源的增加，尤其是人力资源的扩充。Zegna 集团是如何突破家族管理资源的封闭性，成为意大利最具知名度、最生机勃勃的家族企业的？

解决方案 Zegna 集团将三个原则作为其价值观的基础：着眼长期目标；保证家族对企业的所有权，以确保其延续性；在公司严厉的管理制度中牢记正确的道德承诺。无论是集团组织机构，还是起支持作用的公司管理制度，在所有相关领域都采用国际最佳实践。集团执行委员会有 1/3 人士非意大利人，公司管理制度由董事会三位独立董事负责监督。

案例全程 埃麦尼吉尔多·杰尼亚（Ermenegildo Zegna）是意大利传统家族企业 Zegna 公司的创始人。1910 年，他在意大利阿尔卑斯山脚下比耶拉附近的特利维洛（Trivero）小镇开了一间手工纺织作坊。最初这间简陋的作坊只能生产一些小块的羊毛面料。事业略有起色后，杰尼亚又召集当地流落街头的纺织技工，开始生产精细的羊毛面料，与垄断全球精羊毛市场的英国人展开竞争。

20 世纪 30 年代末，埃麦尼吉尔多·杰尼亚领导的综合实业公司已经雇有 1000 名员工。公司开始出口商品到美国，那里的意大利裔裁缝认可了 Zegna 品牌，并对它表示信任。

1966 年埃麦尼吉尔多去世后，由他的两个儿子安杰罗（Angelo）和埃尔多

(Aldo)全权接管家族企业。兄弟俩齐心协力向成衣市场进军，在创造一流品质纺织面料的同时，又推出 Ermenegildo Zegna 品牌男装。很快，他们开始开拓国外市场，首先进军西班牙和瑞士，随后几乎遍及全球。由于拥有面料经营积累下来的多年经验，以及自家拥有纺织厂，Zegna 很快就晋升为意大利男装行业中的领头羊。其后，公司又逐步推出了针织、配饰及休闲装系列。

20 世纪 80 年代，Zegna 家族第三代掌门人——吉尔多（Gildo）、鲍洛（Paolo）、安娜（Anna）、贝尼黛塔（Benedetta）、劳拉（Laura）、雷纳塔（Renata）——接管事业。巴黎和米兰的的两家 Zegna 专卖店开业，成为现在 Zegna 遍布五大洲的庞大销售系统的起点。

20 世纪 90 年代末至今，公司开始奉行一整套包括垂直化、多元化和品牌延伸的综合战略。收购了多家公司。陆续推出香水、眼镜、皮革、鞋类等产品。

2000 年埃尔多去世，安杰罗任集团荣誉主席至今。

实施后果 如今的 Zegna 品牌以其完美无瑕的剪裁、优雅古朴的风格风靡全球，成为众多社会名流青睐的对象。Zegna 集团也发展成意大利最具知名度、最生机勃勃的家族企业之一。2006 年，集团综合收入达到 7.79 亿欧元，员工数超过 6000 人，其中一半在意大利以外的国家工作。Zegna 品牌专卖店共有 501 家，其中 198 家为直营店。

问题引出 Zegna 家族的每一代管理团队是如何从上一代手中继承公司并秉承其价值观和运作方式的？

个案步骤
1) 创始人埃麦尼吉尔多的儿子安杰罗和埃尔多很快从他们父亲那里学到公司的秘密。两人还在意大利和海外求学的青少年时期就开始投身集团的工作。

2) 安杰罗和埃尔多像当年曾被父亲带领入行那样，又帮助吉尔多、鲍洛、贝尼黛塔、劳拉和雷纳塔等几位儿女加入到公司中并准备接手管理职位。

3) 第三代家族成员的一个目标就是要确保公司创始人确立的价值观和运作方式能传承下来，这些思想不仅对家族来说是宝贵传统，对每一位集团员工也同样宝贵。公司的第一代埃麦尼吉尔多早在 20 世纪 30 年代，就在其家乡建了会议厅、图书馆、健身房、电影院/剧场、公共游泳池、医疗中心和托儿所。他还致力于当地环境建设和风景美化，种植了几千棵树，并建设了一条长 14 公里的"杰尼亚全景"公路和位于海拔 1500 米的一个旅游胜地。进入 21 世纪，在公司的第三代安娜的率领下，Zegna 基金会在环境、社会、文化和健康等领域为项目与研究活动提供资助。它在全球范围内倡导可持续发展、提升个人与社区生活质量、保护环境和当地文化、推动人类发展和资助研究。

理论依据 1) 团队的定义：由少数有互补技能，愿意为了共同的目的设立业绩目标和工作方法，相互承担责任的人们组成的群体。

2) 团队规范的主要内容表现为：① 以任务为焦点，强调成员的工作效率与认真负责的态度。②互相信任，坦诚表达自己的想法、意见与问题。当产生分歧时，不是将分歧压制平息，而是让团队成员共同讨论，在公开的场合与诚恳的氛围中进行沟通，最终达成一致。③ 认可和赞赏他人的价值。由于团队对知识和技能多样性的需求，团队要求成员互相认可他人的价值，并积极吸收有益建议来完成任务。

3) 企业高层管理团队的定义：高层管理团队是指公司高层经理的相关群体，包括董事长、CEO、总经理、副总经理以及直接向他们汇报工作的高级经理。高层管理团队的成员位居企业管理的最高层，属于企业的战略制定与执行层，负责整个企业的组织与协调，对企业经营管理拥有很大的决策权与控制权。

核心难点 在家族企业顺利实现创业的过程中，家族制管理团队发挥了重要作用，管理成本低、灵活机动、凝聚力强等等都是其优点。但是随着家族企业规模的扩大，需要形成开放、兼容、积极向上的企业文化。

人为假设 如果Zegna的第二、三代管理团队只是简单地"子承父业"，没有采取垂直化、多元化和品牌延伸的综合战略，Zegna集团能有今天的辉煌吗？

分析结论 在信息化的时代，所有企业能够赢得的生存空间都是在"时空差"和"信息差"条件下所能够把握的机会。正是由于Zegna的第二、三代管理团队具备不断学习的能力，不断应对和把握这些机会，通过非革命性的过程，促成了革命性的改变，才使得Zegna品牌不断发展壮大，Zegna集团才能有今天的辉煌。

学习思考 家族企业的发展为我国服装行业发展做出了重要贡献。但经济全球化进程对我国带来了深远影响，家族制服装企业的生存环境发生了显著变化。家族制企业的接班人在秉承上代优良传统的同时，应考虑该如何不断进取，接受新思想、新观念，探索创新发展之路，应对国际竞争。

参考文献 1) Zegna官方网站资料整理

2)《团队的智慧－创建绩优组织》，[美] 乔恩. R. 卡曾巴赫. 经济科学出版社，1999.

3)《组织行为学》. 顾琴轩主编. 上海人民出版社，2003.

14
BRAND
CULTURE
CASE
STUDY

品牌文化案例

14. 品牌文化案例

14.1. ECCO 案例：社会责任与企业利益的完美结合

面临问题 丹麦著名企业 ECCO 鞋业控制着包括鞣革厂、制鞋厂、销售分公司、零售店在内的从生皮到成品鞋的整个价值链，其工厂遍及丹麦、葡萄牙、印度尼西亚、斯洛伐克、泰国、中国等世界各地。在环保呼声日益高涨、企业社会责任成为热门话题的今天，制鞋业由于其特定工艺在制作过程中不可避免地使用对环境有影响的化学物质而备受关注，那么，ECCO 鞋业是如何应对全球社会对环境保护、企业社会责任的关注的呢？

解决方案 通过尽量减少并重新利用鞣革和制鞋过程中产生的废料，把对环境的影响减少到最小程度。积极倡导健康的生活方式，并与社会公益活动结合起来，展现负责任的企业形象。

案例全程 1）巧用生物燃料

从动物身上取皮时，会粘连着带下一部分肉。这部分肉包括 15% 的脂肪，30% 的蛋白质，55% 的污水，可能占到生皮总重量的 20%，却是制革过程中不需要的废料，还需占用企业资源来处置它。ECCO 鞋业鞣革部门的研发中心为此专门开发出一种新技术,妥善解决了这种废料的处置问题。他们在印度尼西亚的鞣革厂建了一个"生物燃料"车间,在这个车间里,脂肪从动物蛋白和污水中被分离出来,经纯化后就可作为生物燃料,用于特别改装过的锅炉,为鞣革过程提供热水。

这样,生物燃料取代了柴油,也因此避免了燃烧柴油产生的大量二氧化碳,积极响应了由于气候变暖而引发的关于"减少使用化石燃料"的呼吁。不仅如此,实施这项技术还使垃圾填埋量减少了一半。

现在,为了进一步探讨重新利用蛋白质的可能性,ECCO鞋业还与德国的高校进行科研合作,试图将它们转化为生物塑料。ECCO的另一个设想是,将它们用作混合肥料。无论最后采用哪一种方法,都可以大大减少垃圾填埋量。

2) "行走,是种乐趣"

步行马拉松的创意来自ECCO的创始人卡尔·图斯比(Karl Toosbuy),他想,步行者应该像跑步者一样拥有自己的马拉松,ECCO的"步行马拉松"应运而生。如今,它已成为一个分布全球的人道主义活动,让人们靠行走来爱心募款。

自1999年在丹麦首都哥本哈根首次举行以来,已在世界各地主要城市举办,包括丹麦的奥尔胡斯,挪威的奥斯陆,瑞典的斯德哥尔摩,荷兰的阿姆斯特丹,德国的柏林,波兰的华沙,美国的旧金山和日本的京都、札幌、横滨、东京等,参与者走过的路程相当于绕地球45圈。仅2006年一年,就有40 000人参与该活动,并筹得280万丹麦克朗。

2007年8月23日,ECCO的亚洲步行马拉松在上海中山公园揭开序幕。来自全国的大学生、顾客和世界自然基金会的志愿者将近500人参加。

实施后果 1) 2006年的最后3个月里,每个月有8 000升柴油被生物燃料取代。这意味着每个月的二氧化碳排放量减少了22吨。其次在废料处理中,ECCO将"生物燃料"技术向社会推广,逐渐为自己开辟了一个新的收入来源。

2) ECCO将2006年步行马拉松的筹款用于多个公益项目,其中之一是联合国儿童基金会为孟加拉国的童工们专门设立的"学校计划"。该计划为孟加拉国最贫穷的孩子们——特别是为了维持家庭生计,不得不被迫工作的女孩们——建立学校,提供受教育的机会。在ECCO和联合国儿童基金会的共同努力下,大约1 370名印尼失学儿童获得基础教育,学到了最基本的技能,树立了自尊心。

今天的 ECCO 总资产达 2.5 亿丹麦克朗，员工人数达 13000 人。人们可以在世界上的任何角落买到适合的 ECCO 鞋，从北美的阿拉斯加到南亚岛国印度尼西亚。世界各地的人们都喜爱重量轻、柔韧性好、根据人体解剖学设计的 ECCO 产品，也喜爱 ECCO 公司健康向上、负责任的企业形象。

问题引出 ECCO 如何将承担社会责任和追求企业利益统一起来，在承担社会责任的同时，巧妙地降低生产能耗，宣传企业产品？

个案步骤
1) 能源消耗和废料处理是鞣革制鞋业的两大软肋，开发"生物燃料"技术。设法将废料转化为能源来加以利用，一举两得的效果。
2) 有别于专业运动鞋在跑、跳等激烈运动项目上的出色表现，ECCO 鞋的特点是柔软、轻盈，特别适合长途步行，而步行代表着健康的生活方式，支持环保的生活态度，之前已有通过（跑步）马拉松进行公益筹款的先例，创立"步行马拉松"公益活动，传播"行走，是种乐趣"的品牌理念：既是个人健身的乐趣，又有帮助他人的乐趣。

理论依据
1) 企业社会责任（Corporate Social Responsibility，简称 CSR）的概念：
①企业社会责任是指"企业在提高本身利润的同时，对保护和增加社会福利方面承担的责任"。（P689，里奇·W·格里芬，《实用管理学》，复旦大学出版社，1989）
② 企业的社会责任"是企业除经济责任、法律责任之外的第三种责任，它是企业在社会领域内对自身行为后果的回应义务。"
2) 企业社会责任的内涵：企业在创造利润、对股东利益负责的同时，还要承担对员工、对消费者、对社区和环境的社会责任，包括遵守商业道德、生产安全、职业健康、保护劳动者的合法权益、保护环境、支持慈善事业、捐助社会公益、保护弱势群体等。

核心难点 将企业追求利润最大化和承担社会责任、树立良好形象这两大任务统一起来。将社会责任转化为企业的竞争力，而不是成为企业的累赘。

人为假设 如果 ECCO 只是简单地以向某慈善机构捐款的方式来承担社会责任，它的公司形象将会怎样？

分析结论 单纯地掏钱会增加企业的成本，而且显得不够真诚，容易给人留下作秀的印象。只有怀着对周遭环境和社会弱势群体的真切关怀，通过真正开动脑筋，找到能使社会责任与企业利益兼顾的方法，才能既造福社会，又使企业的品牌形象生动丰满，实现企业与社会的可持续发展。

学习思考 中国是全球最大的鞋业生产国和出口国,但是在国外,中国鞋之所以受青睐多数是与其廉价相关联的。随着中国经济发展、劳动力成本的上升,世界制鞋业重心出现了向劳动力成本更低廉国家转移的趋势。我国制鞋企业应清楚地认识到依靠单一成本优势的脆弱性,应善于将社会责任转化为促进企业发展的动力,打造产品品牌,树立企业形象。以下两个问题值得经营者们思索:1. 如何将企业承担的社会责任升华为企业的核心价值观? 2. 如何将社会责任转化为产品(服务)的卖点?

参考文献

1) 译自《2006年ECCO集团环境报告》- ECCO Group Environmental Statement 2006

2) 根据《2006年ECCO集团环境报告》和新浪网新闻中心 http://news.sina.com.cn 相关文章整理

3) 《企业社会责任研究》. 李立清,李燕凌. 人民出版社,2005.

4) www.globrand.com 全球品牌网:《中国新闻周刊》第二届中国国际论坛

附录一 美国商标历史时间表

资源来源：http://www.lib.utexas.edu/engin/trademark/timeline/tmindex.html

史前到罗马晚期　文艺复兴　杰斐逊时代　工业革命时代　现代　后现代
公元前500年　12世纪　1788年　1904年　1920年　1964年

从史前到罗马帝国的衰弱期

从遥远的史前时代起，人类就开始使用商标来表明他们物主或产品生产者的身份。研究表明，原始人类很可能使用商标来显示他们对牲畜的拥有权。后来，商标开始用来表明商品的制造者以及他们对保障产品质量的义务。商标的效用在罗马帝国时代达到全盛。

公元前 5000 年

绘有野牛的洞穴岩画两侧标有各种符号。据推测，这些符号就是用来表明主人对其的所有权。同时，陶器上也发现有标记。

公元前 3500 年

美索不达米亚地区的商品以圆柱形的印章为标记。克里特岛的克诺索地区则发现石刻。

公元前 3000 年

埃及第一王朝的砖头、陶器、矿石和屋瓦上发现表明所有权的标记。

公元前 2000 年

科林斯附近发现陶艺篆刻。

公元前 6 世纪至公元前 3 世纪

希腊本土制造的陶器刻有印章。

公元前 500 年至公元 500 年

文献记载了罗马帝国时期商标在经济贸易上的使用。其中，所有的砖块被打上标记。

商标的文艺复兴时期

在罗马帝国衰弱期到文艺复兴时期之间，商标是如何使用的，文献中鲜有记载。在此期间，商标的目的和作用变化巨大。它们起先是为了保护消费者利益，注明产品制造者的身份。但很快就演变成对制造者身份以及行业协会的身份表明，并且保护行业协会对该产品的制造垄断权。因此，在这一阶段，商标逐步被认为是对制造商的一种受益。在那个年代，人们普遍认为广告是一种不公的优势，因此，制造商的名声就和他的商标联系在一起。最终，商标所代表的产品价值被大众认可，但并没有明确的法律条文保护这种价值。

12 世纪

贸易协会开始使用商标。

13 世纪

钟表制造商开始使用商标。意大利率先开始使用水印，也被称为"纸印"。

1266 年

关于商标的最早英文法律诞生：《面包商标法》。一些西点师在面包上打上标记，另一些则在面包上戳小洞。

1353 年

通过关于商家可以提供产品商标作为证明其产品所有权的证据，从而防止被盗版的法律章程。

1365 年

在伦敦，刀刃制造商获得他们对产品的垄断权，并对他们的商标申请保护。

1373 年

通过关于要求瓶子制造商在瓶子和其他皮制容器上打上商标以表明制造商身份的法律条例。

1452 年

有关商标的最早诉讼：一名寡妇被获准使用其已故丈夫曾用商标。

15、16 世纪

各种商标问世。相关法律变得更加严格。

1618 年

第一起商标侵权案：苏斯·V·豪（Southren v. How），一个专门用劣质布料制衣的服装商，使用了一家高级服装商的商标。这起案件被认为是中世纪的商人商标和现代商标化商标之间的过渡。

1653 年

荷兰皇家彩陶工厂在荷兰代尔夫特建立。当时，这些欧洲瓷器制造商通常使用曾受启发的中国瓷器相类似商标。

杰弗逊时代到工业革命时期的商标

我们今日熟悉的商标使用形式在这一时期已初显端倪。托马斯·杰弗逊（注：美国第三任总统，1743～1826）极力提倡为商标立法。第一起有关商标法案结束后，相关法律已出台。商标至此成为合法财产。而各种品牌名称开始为消费者所熟悉。

1788 年

美国商标保护始于对帆布制造业商标的保护。

1798 年

任何货物被要求必须贴上标签或加盖印章。

1791 年

出于对帆布制造者们提出的要求，杰斐逊建议：在宪法商业条款的基础上为商标立法。他提议：联邦法中对商标的保护仅限于出口到海外或印第安部人领地的商品。在美国各个州内销售的商品由各州立法保护，而州际间的商品流通则不受法律保护。

1842 年

密西歇根州颁布一项法令，要求那些生产加工材料的地区对原木材料的商标进行登记。

1857 年

法国颁发《商标法》。

1862 年

英国颁发《商标法》。

1870 年

基于《美利坚合众国宪法》中专利和版权条款，通过设立商标法条例。但此后该条例被废除。Averill Paints 成为第一家对其商标进行注册的公司。

1872 年

美国专利和商标局公报开始发行。

1876年

Bass® 啤酒厂成为第一个在英国注册商标公司。

1881年

基于《美利坚合众国宪法》中的商业条款，美国通过了商标法。法律规定与外国或印地安部落进行商贸往来的注册商标进行保护。而美国本土州际间的商贸往来不受法律保护。

1883年

在保护工业产权巴黎公约大会上，首次达成国际商标协议。与会国家表示将像保护本国商标一样也为他国注册商标提供保护。

1887年

可口可乐（Coca Cola®）作为一种补充能量的饮料商标进行了注册。

1895年

桂格（Quaker®）作为燕麦商标进行了注册。

工业革命时代的商标

美国商标法在此期间发生了戏剧性变化。在全新法令颁发后，那些已经为消费者所熟悉的公司争先恐后地赶去为他们的商标进行了注册。

1904年

2524份要求注册商标的申请记录在案。

1905年

2月20日颁布的商标法，通过了拓展注册权限议案，即在1881年商标法的基础上，将州际间的商贸往来也纳入保护范围。这一举措赋予了商标保护新的意义与力度。

当年的商标注册申请达16224份，而其中的415家商标延用至今。

这些广为人知的商标有：

帽饰商标 Stetson®，该商标在1866年首次使用。

润肤品商标凡士林（Vasellne®），该商标在1870年首次使用。

面粉商标 Pillsbury®，该商标在1866年首次使用。

缝纫机商标胜家（Singer®），该商标在1880年首次使用。

月刊杂志商标《女士家居（Ladies' Home Journal®）》，该商标在1883年首次使用。

面包粉商标Calumet®，该商标在1889年首次使用。

手枪商标Colt®，该商标在1889年首次使用。

啤酒商标Schlitz®，该商标在1894年首次使用。

碳酸饮料商标百事可乐（Pepsi-Cola®），该商标在1896年首次使用。

1914年

在商业宣传中，Morton Salt公司首次使用"When it rains it pours"广告语和"Morton雨伞女孩"形象。

现代商标

品牌名和新产品带来的商业利益持续增长。商标潮流紧随时代变迁的步伐。《兰哈姆法（Lanham Act)》（美国联邦商标法）为我们今日所使用的商标构筑了蓝图。

1920年

新商标法通过，在1905年商标法基础上增加了条款。

1926年

专利局成为商务部的一个部门。

20世纪30年代

闪电栓（Loghtning bolts）成为显示美国工业力量的标志。

20世纪40年代

二战前后，美国国民强烈的爱国主义精神在这一时期的商标意象中得到充分体现。

1946年

7月5日，《兰哈姆法》颁布。这部商标法延用至今。其目的是为了消除商品销售与服务方面的不公平竞争，并为商标所有者免受模仿者侵害利益提供保障。这部法律涵盖了诸如商标所有者享有联邦反侵权的保护、所能获得的保护种类、注册商标的程序等许多内容。同时，它允许服务行业的商标进行注册。

20世纪50年代

软毛墨水笔的发明改变了其商标的外形。二战后，生产商的技术实力常被用来显示其产品的优越性。那一时期，火箭船和电子线圈是常见的商标图案。

后现代商标

在这一阶段，商标的表现形式开始呈现多样化。它们不再拘泥于有限的文字和平面图案，而可以是三维的，听觉的或是声音、色彩、气味的组合。万维网产生了新的商标问题，广告也因网络发生改变。新问题牵涉到域名以及由相似组合词引起的困扰。

1964 年

麦当劳（McDonald's）将其店面建筑和拱门作为三维立体商标进行注册。

1971 年

美国全国广播公司把他们的播音内容（资料和台词）作为商标注册来显示其广播服务。

1972 年

标准石油公司更名为埃克森（EXXON®）。

1977 年

可口可乐的瓶子作为一个三维立体商标进行了注册。

1987 年

Owens Corning® 品牌将他们在 1987 年 5 月 12 日生产的隔热产品上涂的那种粉红色作为商标进行注册。

1991 年

Clarke's Osewez® 品牌将他们生产的缝纫线和绣花纱上的香水味作为商标进行了注册。

1997 年

美国专利和商标局认为：互联网域名也应进行注册。

1998 年

美国专利和商标局的网页上能查到所有注册商标和服务行业标志的全部文案和图样。在互联网上以电子方式提交商标通过 TEAS（商标电子申请系统）成为可行。

1999 年

因特网名址分配公司采纳了世界知识产权组织的建议通过了《域名争端解决统一方案》。同年，该方案开始实施。美国颁布《反网域名称抢注消费者保护法》。

2003 年

美国已有超过 1600000 个注册商标。这个数字因为互联网的发展在过去 5 年里翻了一番。

商标图像画廊

| 岩画 | 泥塑，陶艺 | 罗马砖 | 水印 | 金工 |

| 陶瓷 | 海盗 | 杰佛逊 | 登录商标 | 牛品牌 |

| 不寻常的痕迹 | 天体商标 | 实力意象 | 新品牌 |

附录二 国际服装品牌发展年表

世纪		年份	法国	英国	意大利	美国	日本	西班牙	德国	瑞士	荷兰	瑞典	挪威	丹麦	澳大利亚	韩国	加拿大	中国香港
17		1689		EDE & RAVEN-SCROFT														
	帝政时期	1818				Brooks Brothers												
		1825		Clarks														
		1837	Hermès															
	浪漫主义时期	1844		Marks & Spencer														
		1841																
		1851		Aquas-cutum														
	克里诺林时期	1853		Aquas-cutum		Levi's												
19		1854	Louis Vuitton															
		1856		Burberry														
		1867	old england								C&A							
	巴塞尔时期	1872	S. T. Dupont							Bally								
		1875																
		1876	Chantelle						schiesser									
		1882	Le coq sportif															
		1886							Triumph									
		1889	Lanvin			Lee												
	欢乐九十年代	1892				ABERC-ROMBIE &FITCH												
		1893		dunhill														
		1895				Reebok												
		1898		T. M. LEMIN														

续表

世纪	年份	法国	英国	意大利	美国	日本	西班牙	德国	瑞士	荷兰	瑞典	挪威	丹麦	澳大利亚	韩国	加拿大	中国香港
20世纪初	1900		Burton														
	1905		F. L. CROOKS & CO.														
	1906					Mizuno											
	1907				Neiman-Marcus												
10年代	1910			Ermenegildo Zegna													
	1911			Trussardi													
	1913			Prada													
	1918			Fendi													
20年代	1921	Chanel															
	1923			Gucci													
	1923			Salvatore Ferragamo				Hugo Boss									
	1928		Bhs														
30年代	1930	Lafuma															
	1932	ETAM															
	1932	Nina Ricci															
	1933	Lacoste															
	1937	Balenciaga															
	1938				COLUMBIA												
40年代	1946	Dior															
	1946	Celine															
	1947		ASDA								H&M						
	1948					Wacoal		Puma									
	1949							Adidas									

续表

世纪	年份	法国	英国	意大利	美国	日本	西班牙	德国	瑞士	荷兰	瑞典	挪威	丹麦	澳大利亚	韩国	加拿大	中国香港
20 50年代	1950	FERAUD		Les Copains													
	1951			MaxMara	VFCORP-ORATION												
	1952	Givenchy															
	1953			Missoni													
	1954											Saga					
	1957				PVH												
	1959					WORLD											
60年代	1960			Mariella Burani													
	1960			Valentino													
	1961			Genny													
	1962	CHANT-ELLE GROUP															
	1962	Yves Saint Laurent			Coach												
	1964		Top Shop		ESPRIT												
	1965				Oscar de la Renta												
	1967	Cerruti 1881														Ports	
	1968	Sonia Rykiel		Benetton	Calvin Klein												
	1968				THE NORTH FACE												
	1968			Sisley	Ralph Lauren												
	1969		New Look		NINE WEST												
	1969				Gap												
	1969				LIMITED BRANDS												

162

续表

世纪	年份	法国	英国	意大利	美国	日本	西班牙	德国	瑞士	荷兰	瑞典	挪威	丹麦	澳大利亚	韩国	加拿大	中国香港
20世纪 70年代	1970				VICTORIA'S SECRET	Issey Miyake											
	1970				Bill Blass	Kenzo											
	1972				Nike											ALDO	
	1973		Monsoon		Patagonia											Roots	
	1975	Promod		Giorgio Armani	JONES APPAREL GROUP		Zara										
	1975			C. P. company													
	1975			Stone Island													
	1976				LIZ CLAIBORNE			Escada									
	1978			Diesel													
	1978			Versace													
	1978			Gianfranco Ferré													
20世纪 80年代	1980			Moschino	Giordano	Muji											
	1981		Tie rack		Anna Sui												
	1982		NEXT														
	1983	KOOKAI			Chico's FAS												
	1983				CINTAS												
	1984					Uniqlo	Mango										
	1985				Donna Karan												
	1985			Dolce & Gabbana	Tommy Hilfiger										Eland		
	1986			TOD'S													
	1987	LVMH															
	1987	Christian Lacroix															
	1988				DKNY				RICHEMONT								

续表

世纪	年份	法国	英国	意大利	美国	日本	西班牙	德国	瑞士	荷兰	瑞典	挪威	丹麦	澳大利亚	韩国	加拿大	中国香港
20	1990		LK Benntt		VERA WANG												
	1991		OASIS	Miss Sixty													
	1992					Fast Retailing											IMAGINEX GROUP
90年代	1994																Shanghai Tang
	1995												Only				
	1999													Sass&Bide			
	2000		Reiss														
21	2004						Inditex										
21世纪初	2005			VALENTINO FASHION GROUP									Jack& Jones				

164

附录三 国际服装品牌官方网站

编号	品牌名称	Logo	官方网站
1	Abercrombie&Fitch		www.abercrombie.com
2	Adidas		www.adidas.com
3	Aldo		www.aldoshoes.com
4	Anna Sui		www.annasui.com
5	Aquascutum		www.aquascutum.co.uk
6	Balenciaga		www.balenciaga.com
7	Bally		www.bally.com
8	Benetton		www.benetton.com
9	Burberry		www.burberry.com
10	C&A		www.c-and-a.com
11	Calvin Klein		www.calvinklein.com

续表

编号	品牌名称	Logo	官方网站
12	Celine		www.celine.com
13	Cerruti1881		www.cerruti.com
14	Chanel		ww.chanel.com
15	Chantelle		www.chantelle.com
16	Christian Lacroix		www.christianlacroix.com
17	Cintas		www.cintas.com
18	Clarks		www.clarks.co.uk
19	Coach		www.coach.com
20	Columbia		www.columbia.com
21	C.P. company		www.cpcompany.com
22	Diesel		www.diesel.com

续表

编号	品牌名称	Logo	官方网站
23	Dior		www.dior.com
24	DKNY		www.dkny.com
25	Dolce & Gabbana		www.dolcegabbana.it
26	Donna Karan		www.donnakaran.com
27	Dunhill		www.dunhill.com
28	Ecco		www.ecco.com
29	Eland		www.eland.com
30	Ermenegildo Zegna		www.zegna.com
31	Escada		www.escada.com
32	Esprit		www.esprit.com
33	Etam		www.etam.com

续表

编号	品牌名称	Logo	官方网站
34	Fendi		www.fendi.com
35	Fila		www.fila.com
36	Gap		www.gap.com
37	Gianfranco Ferré		www.gianfrancoferre.com
38	Giordano		www.giordano.com
39	Giorgio Armani		www.armani.com
40	Givenchy		www.givenchy.com
41	Gucci		www.gucci.com
42	Guess		www.guess.com
43	H&M		www.hm.com
44	Hermes		www.hermes.com

续表

编号	品牌名称	Logo	官方网站
45	Hugo Boss		www.hugoboss.com
46	Issey Miyake		www.isseymiyake.co.jp
47	Jack&Jones		www.jackjones.com
48	Kappa		www.kappastore.com
49	Kenzo		www.kenzo.com
50	Lacoste		www.lacoste.com
51	Lafuma		www.lafuma.com
52	Lanvin		www.lanvin.com
53	Lee		www.lee.com
54	Levi's		www.levi.com
55	Liz Claiborne		www.lizclaiborne.com

续表

编号	品牌名称	Logo	官方网站
56	Louis Vuitton		www. louisvuitton. com
57	Mango		www. mango. com
58	Maxmara		www. maxmara. com
59	Missoni		www. missoni. com
60	Mizuno		www. mizuno. com
61	Muji		http：//ryohin-keikaku.jp
62	Nautica		www. nautica. com
63	Next		www. next. co. uk
64	Nike		www. nike. com
65	Nina Ricci		www. ninaricci. com
66	Nine West		www. ninewest. com

续表

编号	品牌名称	Logo	官方网站
67	Only		www.only.com
68	Oscar De La Renta		www.oscardelarenta.com
69	Patagonia		www.patagonia.com
70	Paul Smith		www.paulsmith.co.uk
71	Ports		www.ports-intl.com
72	Prada		www.prada.com
73	Puma		about.puma.com
74	Ralph Lauren		www.polo.com
75	Reebok		www.reebok.com
76	Roots		www.roots.com
77	Saga		www.sagafurs.com

续表

编号	品牌名称	Logo	官方网站
78	Salvatore Ferragamo		www.salvatoreferragamo.com
79	Sass & Bide		www.sassandbide.com
80	Schiesser		www.schiesser.com
81	Shanghai Tang		www.shanghaitang.com
82	Sisley		www.sisley.com
83	Sonia Rykiel		www.soniarykiel.com
84	Stone Island		www.stoneisland.co.uk
85	S. T. Dupont		www.st-dupont.com
86	The North Face		www.thenorthface.com
87	Tie Rack		www.tie-rack.co.uk
88	Tod'S		www.tods.com

续表

编号	品牌名称	Logo	官方网站
89	Tomboy		www. tomboy. co. kr
90	Tommy Hilfiger		www. tommyhilfiger. com
91	Triumph		www. triumph. com
92	Tsubi		www. tsubi. com
93	Trussardi		www. trussardi. com
94	Uniqlo		www. uniqlo. com
95	Valentino		www. valentino. com
96	Verawang		www. verawang. com
97	Versace		www. versace. com
98	Victoria's Secret		www. victoriassecret. com
99	Wacoal		www. wacoal. com

续表

编号	品牌名称	Logo	官方网站
100	Yves Saint Laurent		www. yvessaintlaurent. com
101	Zara		www. zara. com

附录四 服装品牌名词汇编

被动营销——被动营销是一种市场营销策略，也可以将其看成对竞争对手所采取的营销策略的一种反应或抵抗。从很多方面来说，被动营销与主动营销是互相对立的两个方面，主动营销的营销计划、执行和市场策略的控制等方面更加系统。

并购——并购的内涵非常广泛，一般是指兼并（Merger）和收购（Acquisition）。兼并又称吸收合并，指两家或者更多的独立企业、公司合并组成一家企业，通常由一家占优势的公司吸收一家或者多家公司。收购指一家企业用现金或者有价证券购买另一家企业的股票或者资产，以获得对该企业的全部资产或者某项资产的所有权，或对该企业的控制权。与并购意义相关的另一个概念是合并（Consolidation），是指两个或两个以上的企业合并成为一个新的企业，合并完成后，多个法人变成一个法人。

补缺营销——补缺营销需要确定特殊目标市场。一般来说，采用这一策略的企业有着非常明确的目标子市场。由于特定市场竞争较少且盈利空间较大，因此，这一市场很有吸引力，企业可以通过为这一市场的消费者量身定做特殊产品以满足他们的需求而获取丰厚报酬。现在仍存在很多遗漏的市场——但并不是所有市场都能吸引厂商的注意。而另一些原本被遗漏的市场被大规模开发是由于它们对厂商有足够的诱惑。同样地，一些市场被厂商开发后，市场上的产品或服务能够拓展到其他大众市场上并发展成大规模市场。很多原本针对特殊市场开发的产品都已经拓展成为整个市场通用的产品了。在补缺市场上的促销和销售与在一般意义上的市场上的促销和销售不同。由于这一市场容量有限，潜在消费者很少，因此，产品定位、设计必须严格符合顾客的要求。

测试营销——一般在某种新的商品或服务大规模推向市场之前会进行测试营销。测试营销的目的是评估推出新营销组合后的市场反应，并对该新产品或服务的市场反应和市场认知度加以估计。测试营销甚至包括在一个或几个有限的地区实行即将推出的营销计划。一般为方便起见，这一试销范围会控制在一个城市或一个大城镇的范围之内。在各个测试营销阶段，营销组合会不断加以调整，经理们也可以根据市场测试的结果决定对整个市场最为有利的营销组合。挑选测试市场有如下一些相关标准：1) 市场要能够代表目标市场 2% 以上的水平，这样才能提供对整个市场有价值的信息。2) 选择广告媒体时要重点考虑最短期目标市场。一般来说，在市场测试阶段进行电视广告是不合时宜的，而地方性的广播电台或者地方性的报纸是很好的选择。3) 从市场测试中得到的数据要有足够统计学意义，能够在一定程度上反映整个市场的特点。4) 进行市场测试的区域要有成熟的营销渠道,且在进行市场测试期间,该产品最好不要再进行市场测试以外的其他地区同时销售。5)进行市场测试的地区应该能够模拟市场竞争的特点。

产品延伸——产品延伸是指企业围绕产品为顾客提供的各种服务。

差异化营销——差异化营销是指针对各个细分客户市场的需要而刻意设计适合他们的产品和服务,从而关注于各细分市场的客户不同需求。差异化营销是一种战略,它从细分市场着手,确定要进入的那些特定目标市场,然后制定市场营销组合来适应各个细分市场。产品差异化的营销方式,是针对所确定的市场,采取了差异化的方法,即专门生产或提供适合于所确定市场的产品或服务。相对于产品无差异化的营销方式,其优点是可能因此而增加销量和加强竞争地位,其不利方面是可能使产品的研究开发费用、制造成本以及广告费用上升。

成衣品牌——在法国,综合服装的设计特征和生产特征,女装品牌分为三类,高级女装(Haute Couture)、高级成衣(Couture Ready-to-wear)、成衣(Ready-to-wear)。成衣品牌是工业化大批量生产的品牌,如 Benetton、Liz Claiborne、鳄鱼等。

持续营销策略——持续营销策略可以保证某种市场营销活动长期协调发挥作用。在一段较长时间内,目标市场不会感觉出企业的广告和促销策略的变化。从这个角度上说,持续营销策略是指企业在一段时间内,持续进行某种市场营销活动,以发挥市场营销活动的最大效力。

垂直营销体系——垂直市场营销系统是由生产商、批发商和零售商形成的统一整体。一个渠道成员拥有其他成员,或者与他们签有合同,或者拥有极大权利可迫使其他成员合作。垂直营销渠道可由生产商,也可由批发商或零售商控制。垂直市场营销系统的出现是为控制渠道行为和管理渠道冲突。它们依靠经营规模、讨价还价的能力和消除重复服务来达到经济节约的目的。一般而言,有三种主要的垂直市场营销系统类型,每一种类型都采用了不同的方式以建立渠道领导和权利:1)在公司垂直营销系统中,协调和冲突管理是靠不同渠道层次上的共同所有权来实现的;2)在契约式垂直系统中,则是通过渠道成员之间的协议来实现的;3)而在管理垂直系统中,是由一个或几个的渠道成员来行使领导权的。

代理人——代理人是指经过明示或默示授权而代表另一企业(即委托人)受理业务的个人或企业。他们有权代表委托人与第三方建立合同关系。在市场营销领域中,当广告代理商以其委托人(客户)的名义购买服务和广告空间时,他们事实上成了该委托人的代理人。

代言人形象——代言人形象是指其在公众心中的形象定位，是通过其自身的人品或其饰演的作品中的角色所表现出来的。在公众心中不会轻易改变。

大众营销——大众化市场营销也称为大规模市场营销或者无差异化市场营销，是指面向最大范围内的消费者进行产品或服务的市场营销，而忽略市场上个人的差异和爱好。它是在两种巨大力量的促使下继之而起的：生产上的规模经济与大众媒体的利用。产品大规模化的市场营销方式，着重于单一产品、生产效率的最大化与存货成本的最小化，它针对一个大众化的市场，很少进行产品的精确定位和客户细分，而是采用简单、直接和笼统的方式强力进入市场。虽然这种市场营销方式在今天仍然有效，但它已不像以前那样常用了，因为制造商的产品越来越对准细分的市场。采用这种营销方式的公司，往往是选择功能特征明显，受众面大而差异化小的产品，营销公司需要进行大规模的供销与促销活动，强调产品的广泛用途。

电话营销——电话营销是利用电话从事销售活动的一个概念。在电话营销战略中，营销方将电话作为联系潜在消费者的主要工具。很显然，电话营销的目的是取得客户订单，而且不需要亲自上门拜访和其他初始成本。电话营销已经成为直接营销很重要的一个组成部分。厂商可以使用电话营销战略建立自己的销售渠道，以将产品直接提供给最终用户，这使企业不必像以前那样依赖中介机构来向最终用户提供产品和服务。为了更好地实现电话营销，很多复杂的技术已经涌现了出来，比如能储存关于过去与该客户所有的交易、会谈、要求、咨询的信息的设备等。这种设备还可以显示销售合同的合理时间间隔。

电视营销——电视营销通常采取两种形式。第一种形式是直接反应广告：直接营销人员播出一些一到两分钟的电视广告，劝诱性地介绍一种产品并留给消费者一个免费拨打的订购电话。对于某一种产品，电视观众常可以看到30分钟的广告节目。这种直接反应广告对于做杂志、书籍、小家电、磁带和光盘、收藏品以及许多其他产品极为奏效。家庭购物频道是另一个电视营销形式，是指专门用于销售商品和服务的电视节目或整个频道。一部分家庭购物频道，如美国的物美价廉频道（Quality Value Channel）和家庭购物网络每天24小时连续开播。在家庭购物网频道，节目主持人廉价出售从珠宝、灯具、可收藏的玩具娃娃和服装到电动工具和家用电器等不同商品，这些商品一般是该频道以清仓价格购得的。电视场面热烈，主持人又是按喇叭，又是吹口哨，不断赞赏电视观众的鉴赏水平高。观众拨打800电话即可选购物品。在系统的另一端，400名操作员负责接收1 200多条打进来的电话，把定单输入电脑终端。48小时内订购的商品即可发出。许多专家认为，双向的、互动的电视方面的进步将使电视营销成为未来直接营销的主要形式之一。

地方市场营销——地方市场营销指为了建立、维持或改变对具体某个地方的看法或行为而进行的活动。通常包括商业场所营销和旅游营销两种形式。商业场所营销指为工厂、商店、办公室、仓库和集会开发、销售或租赁商业场所。大型开发商调查企业的土地需要，然后做出房地产决策，例如：工业园区、购物中心和新的办公大楼。在美国，绝大多数州都有工业开发办公室，任务是吸引外国企业到本州建立新的分支机构。他们花大笔的钱做广告，提供免费机票供可能成为光顾者参观场地，甚至整个国家，如加拿大、冰岛、希腊、墨西哥和土耳其，也为自己搞营销活动，宣传自己是商业投资的良好场所或旅游的胜地。

定制营销——定制营销也称为客户化营销，是指企业在大规模生产的基础上，将每一位客户都视为一个单独的细分市场，根据个人的特定需求来规划市场营销组合，以满足每位客户的特定需求的营销方式。现代的"定制营销"具有如下特征：1）大规模生产。定制营销是社会化大生产发展到一定阶段，市场逐渐趋于饱和的情况下产生的。它仍然以大规模生产作为基础，追求企业的规模效益；同时，企业借助产品设计和生产过程的重新组合，来更好地适应消费者需要的变化；2）数据库营销。企业在采取定制营销时，通常以客户数据库作为营销工具。企业将自己与客户发生的每一次联系都记录下来，包括客户购买的数量、价格、采购的条件、特定的需要、业务爱好、家庭成员的名字等信息。这样，企业知道自己的客户会有哪些新的需求，如何更好地维系与老客户之间的紧密联系；3）细分极限化。企业在采取制定营销时，通常以各种变量对市场进行细分，如地理变量、人口变量、客户心理变量和行为变量等。然后针对特定的子市场开发相应的市场细分技术，因此这时细分已经达到极限，每一个客户都是一个子市场，企业要根据每个人的需要确定自己的营销组合；4）客户参与性。企业在采取定制营销时，为了确定客户的满意度，必须要鼓励客户积极参与。在这种营销方式下，客户直接向企业提出自己的要求，而且同技术人员合作，事先设计好最终产品的蓝图。当客户得到最终产品时，也可以直接向企业反映自己的满意程度。这样企业就可以及时收集反馈信息，并进一步调整自己的营销组合。

地域品牌——地域品牌是区域经济的产物，是众多企业品牌精华的浓缩和提炼，是该地域形成的某行业或某产品的知名度和美誉度。地域品牌一方面是经济文化象征，另一方面是该地域的信息载体，是一种无形资产。依靠地方品牌或地域品牌来发展区域经济，已经成为越来越多的国家和地区的选择。产业聚集是形成地域品牌的前提，合理分工、密切协作是打造地域品牌的基础，创新能力是地域品牌竞争市场的关键。

多层次市场营销——多层次市场营销也称金字塔市场营销,是一种通过多层次不断雇佣"下线"销售人员而倍增销售能力的计划和方法,它通常伴随有严格的计分体系和对"下线"人员的激励系统。其特征是销售人员借助自己的销售和他所雇佣的"下线"人员的销售来获得佣金。销售人员("上线")作为独立的承包人,一方面自己销售产品,另一方面又指导其"下线"进行销售,这种营销方式就给他们提供了取得巨大收入的机会。许多人正是由于被预期可能的丰厚收入所吸引而加入这种营销体系,其所销售的产品经常是五花八门,从日用品、保健品到服务项目什么都有。严格意义上讲,多层次市场营销如果是真正将有价值的产品或服务转移到消费者手中,它的营销效率和激励性是非常值得称道的。但不幸的是,这种营销方式经常受到不守信义和欺诈的控诉,许多欺骗的做法是建立在产品和服务不存在的价值之上的,其收入或佣金仅仅依靠新参加者交纳"上线"人员"入门费"(通常是购买一套价高质低的产品)而获得的,"上线"人员所强调的是如何吸收和发展"下线"人员,而不在于销售产品或服务方面。在我国,法律明令禁止的"传销"就属于此类活动。

多重分销渠道——为避免对某一种分销渠道的过度依赖,或单一分销渠道无法满足多个目标市场的需要时,企业就可能采用多渠道分销的策略。当企业将产品卖给其他的销售企业,同时又直接将产品销售给最终消费者时,则可认为该企业采用了多重分销渠道的策略。跨国企业,尤其是所提供的产品(服务)种类较多的跨国企业,一般会采取多重分销的策略。因此在这种情况下,采用单一分销渠道实现在多个市场上的销售是不可能的。有的企业虽然只在单一商场销售,但仍应用多重分销渠道策略应对不同子市场的需求,如航空公司既对大客户提供直接服务,又通过代理机构为中小客户和普通消费者提供服务。使用多重分销渠道策略的另外一个重要原因就是企业产品的销售区域较广,只有通过各级不同的中介机构才能很好地满足整个市场的要求。

多品牌战略——多品牌战略是一个较新的市场营销概念,但事实上,很多企业多年前就开始使用这种战略了。多品牌战略的使用可以让客户在同一地点拥有更多的消费选择,且各个品牌之间可以相互补充。由于多品牌战略能为消费者带来更多的消费选择,采用这一战略的企业也会比标准的采用单一品牌战略的企业的销售额高很多,有统计显示,这一数额可能达到 20%~30%。多品牌战略能在一家商店为顾客带来更多不同类型的消费品,因此,它与一家商店同时经营竞争性或互补性商品的战略有所区别。

恶意收购——指收购公司在未经目标公司董事会允许,不管对方是否同意的情况下,所进行的收购活动。当事双方采用各种攻防策略面对收购行为,并希望取得控制性股权，成为大股东。当中，双方强烈的对抗性是其基本特点。除非目标公司的股票流通量高可以容易在市场上吸纳，否则难以收购。恶意收购可能引致突袭收购。

发展型关系营销——发展型关系营销是市场营销学中较新的概念，是使用产品细分技术确定产品形象及产品所传递的信息的营销方法。发展型关系营销从客户的购买行为中分析影响客户购买的驱动因素，并根据该因素对产品的形象加以修正以使其更符合客户的口味。发展型关系营销是从行为营销学中发展而来的，目的是理解消费者的消费动机和影响其购买决策的因素。从这个角度上说，发展型关系营销利用了消费者的需求、期望、人性以及消费态度。通过识别影响其消费的关键因素，实现客户挽留等目的。

分销——分销是指产品（服务）在生产者和最终用户之间的物理转移，这种转移通常涉及所有权变更和通过中介。最终用户或企业购买了商品，且没有立刻将商品重新售出就意味着分销渠道的终止。仓储机构、输送机构和银行等也是企业分销渠道的一部分。但由于它们从未获得产品的所有权，因此它们只是分销渠道发挥辅助作用的外部机构。企业为其产品（服务）建立分销渠道时有多种选择。分销渠道的组织一般由以下因素决定：1）确定渠道的作用以及分销渠道如何协助完成市场营销目标；2）选择分销渠道的类型以及是否需要中介；3）估计分销渠道的密度，这也帮助企业决定在不同地区、不同层次分别需要多少中介；4）选择最符合企业标准的分销合作商。

分销渠道——分销渠道是指促使产品或服务顺利地被使用或消费的一整套相互依存的组织。大多数生产商都要和营销中间机构打交道，以便将其产品提供给市场。营销中间机构组成了分销渠道（也称贸易渠道或营销渠道）。从执行分销规划各职能的角度而言，分销渠道是由所有参与分销过程的组织或个人所组成的。这些组织或个人被称为渠道成员，它可能包括制造商、服务商、批发商、零售商、市场营销专业人员，或许还包括消费者。当使用分销中间商这一术语时，它指的是批发商、零售商和市场营销专业人员（如运输企业），他们所起的作用是促进制造商、服务商和消费者之间的联系。

伏击式营销——伏击式营销是指某一赞助活动的非正式赞助商（通常是赞助商的竞争对手）通过某种方式使自身与赞助活动发生某种联系，而又不对赞助活动的所有者支付任何费用的举措。伏击式营销所代表的是某一企业为了将受众的部分注意力从赞助商那里转移到自己身上的一种努力。

服务营销——服务营销是企业在充分认识消费者需要的前提下，为满足消费者需要而在营销过程中的一系列增值活动。它的思想萌芽于20世纪50年代中期，它作为营销科学的一个独立分支的地位那时才开始确立。到了 90 年代,其思想体系日益丰富、严密和完整起来,并得到了广泛运用,显示出强大的包容性。其传统的研究主题,如服务设计、服务、客户接触、客户满意等,又逐步延伸至关系营销、内部营销、后勤支持等领域,与营销学主流及网络营销所关注的焦点自然融合起来,并相互补充、相互促进。现在,服务营销把服务业的市场营销活动和实物产品市场营销活动中的服务过程作为研究对象。服务业是泛指第三产业的各个行业,其社会覆盖面相当宽阔,包括生产性服务业、生活性服务业、流通性服务业、知识性服务业及社会综合服务业等。但不管哪类服务行业或企业,其市场营销行为均是服务营销的研究对象。另外,服务已成为实物产品市场竞争的重要手段,而且它提供了形成产品附加价值和巨大竞争优势的潜力。服务营销是在建立顾客服务系统,培养客户忠诚度,推行客户让渡价值,加强服务人员内部管理和服务过程管理上的全面研究。在所谓服务型经济迅速崛起的今天,服务营销不仅仅只是战略与实施,它也是一种哲学和方法论;它不仅仅只是整合企业资源的重要选择,同时也是增加客户价值和建立客户忠诚度的有效途径。通过增加产品营销过程中的服务比重和对服务本身的营销,它始终会强调一种基本的理念:即从事服务的企业只有在迅疾变化的市场环境中给客户需要以特别的关注,才能赢得成功。

干扰营销——干扰营销是与许可营销相反的互联网络营销概念。干扰营销一般包括不请自来的信件(垃圾邮件)和网站上不断弹出的广告条形式。

高级成衣品牌——在法国,综合服装的设计特征和生产特征,将女装品牌分为三类,高级女装(Haute Couture)、高级成衣(Couture Ready-to-wear)、成衣(Ready-to-wear)。高级女装品牌是以高度创意、度身定制为特点的品牌。经法国工业部下属的高级女装协会审定资格,有严格的条件,如必须为设计师品牌;每款服装件数极少且基本是手工完成;参加高级女装协会每年两次的时装展示活动。目前只有十几家高级女装品牌,如 Christian Dior、Chanel 等。高级成衣品牌融合了高级女装品牌的艺术创造性和成衣的批量生产性,这一层次品牌的确立带动了成衣业的发展。KENZO、Donna Karen 等都属该类品牌中的佼佼者。

各别品牌——企业生产或经销的不同产品采用的不同的品牌。

个性品牌——个性品牌的商品个性特征明显,是具有强烈差别化形象意识的品牌。如以"UNITED COLOURS OF BENETTON(全色彩的贝纳通)"为理念的 BENETTON 品牌。个性品牌和设计师品牌共性颇多,常被结合起来称为 D&C 品牌(DESIGNER & CHARACTER BRAND)。

公司品牌——公司品牌是代表一个公司的品牌，或者更广泛地讲代表一个组织的品牌，他反映了组织的传统、价值观、文化、人和战略。

公司型垂直营销系统——公司型的垂直营销体系事实上是一种生产、分销、零售都为一个企业所控制的直接营销体系。同时，这一体系的每个独立的组成部分（从产品生产到最终用户销售），都必须有一定利润，某一部分如果长期没有利润，它就会被整体合并到另外一个部门而不再是一个独立部分。

供应链管理——我国国家标准《物流术语》对供应链的定义是：供应链（Supply chain）是生产及流通过程中，涉及将产品或服务提供给最终用户活动的上游与下游企业，所形成的网链结构。美国物流管理协会对供应链管理下的定义是：供应链管理是以提高企业个体和供应链整体的长期绩效为目标，对传统的商务活动进行总体的战略协调，对特定公司内部跨职能部门边界的运作和在供应链成员中跨公司边界的运作进行战术控制的过程。SCM（供应链管理）是使企业更好地采购制造产品和提供服务所需原材料、生产产品和服务并将其递送给客户的艺术和科学的结合。供应链管理包括五大基本内容：计划、采购、制造、配送、退货。

公众品牌——公众品牌与行业品牌不同，是企业超出行业领域而在公众中形成的综合形象地位，更吸引着消费者的追崇。

管理型垂直营销系统——在行政结合型的垂直营销体系下，分销渠道的任何一方都是独立的。但是，这种各成员之间的高度独立是建立在信息共享和相互合作的基础上的。

关系营销——关系营销是试图与客户建立长期合作的营销方式，持"关系营销"观点的人认为维持现有客户比发展新客户的成本要小得多。关系营销包含了一系列要素，从这些要素中可以看出营销是如何运作的：1）关注客户的注意力；2）以产品效用而不是产品特点为导向；3）信守对顾客的承诺，重视与顾客的联系；4）重视产品质量；5）发展与现有客户的关系；6）在不同层次上合理配置人力资源以维持与客户的联系；7）培养关键顾客；8）重视信任、诚实和信守承诺。

国际品牌——国际品牌具有国际声誉、在多国有销售。这样的品牌多在 VOGUE、BAZAAR、WWD、ELLE 等权威服饰报刊刊登广告。

行业品牌——行业品牌是企业在该行业中的形象影响，但行业品牌未必是公众品牌。

横向营销管理——横向营销管理是指某一独立企业与另一企业合作共同建立营销网络。他们通过松散销售合作体而在产品采购和促销领域实现规模经济的效果。在英国,很多零售商就采用横向营销管理策略共同采购制造商的产品,并共同为其产品进行广告宣传。如果没有这种松散合作组织,单个零售商难以从生产商得到较低进货价格,也无法以较低广告成本获得同样市场渗透机会。

合约型垂直营销系统——通过合约型方式建立垂直营销体系是一种更加正式的方式。成员的权利、义务都已详细制定。这种营销形式更多地见于特许经营中。合约型垂直营销体系的主要目的是利用整个营销体系得到更大经济利益。通过合同约束,产品制造者和上游批发商可以以预先确定的费率为零售商提供产品(服务)。有了销量保证,就可以大规模生产产品,零售商也可以分享制造商通过规模经济带来的利益。

合作品牌——合作品牌是指两个或更多已经创立的不同企业品牌名称用在同一产品之上。绝大多数共同建立品牌的情况是,由一个企业将获得特许的一家著名品牌与自家的品牌合并,共同在市场上使用。共同建立品牌有许多优点,由于两种品牌在各自的产品种类中往往占据统治地位,因此联合之后的品牌具有更强的消费吸引和更高的品牌价值。共同建立品牌还能使企业把已有的品牌扩展到单独难以进入的领域中去。共同建立品牌也有缺点,这些合作关系通常会涉及复杂的法律合同和特许证。共同建立品牌的双方必须谨慎均衡地使用广告、减价促销和采用其他营销手段。最后,在共同建立品牌时,每一方都必须相信对方会妥善地使用特许的品牌。

互动营销——互动市场营销是指公司和客户中间是通过互动沟通来完成交易和营销行为。它更多是指服务型营销活动,因为服务质量在很大程度上取决于买卖双方在服务交易过程中互动作用的质量。在产品市场营销中,产品质量很少取决于产品是怎样取得的。但是在服务市场营销中,服务质量既取决于服务提供者,也取决于提供的质量。因此,服务市场营销人员不能够保证仅凭良好的技术服务就能使客户感到满意,他们必须同时掌握相互作用市场营销技巧。另一方面,随着客户需求和行为的不确定性增加,公司要想清晰而准确地理解客户需求和达成营销目标,就必须与客户保持一种互动关系,这样,就能更好地传达公司产品或服务的特征、利益和价值,同时也能更好地锁定目标客户,从而提升市场营销活动的效率。

混合营销渠道——混合营销渠道是一种多渠道分销系统。为更好地为消费者提供产品(服务),企业会选择两个或更多分销渠道。典型的混合营销渠道包括直接渠道和间接渠道,也就是说,消费者既有机会从生产者或其分销商处购买产品,也能够通过传统渠道从零售商处购买产品。

价格策略——价格策略是指企业通过对顾客需求的估量和成本分析选择一种能吸引顾客、实现市场营销组合的价格策略。

间接分销——间接分销是指产品在生产商与最终用户之间至少通过一个中介机构的分销过程。间接营销渠道的特点与所经销的产品（服务）类型和提供产品的市场类型密切相关。间接分销渠道的类型可分为三种：消费品、企业间商品和服务。

家族品牌——家族品牌是指企业的多种商品共用一个品牌，使用这种战术，企业可以在新产品上市时抢占市场先机。由于顾客已经对企业的品牌有所了解，所以他们更乐于购买某一家族品牌的新产品。在被广泛认同和信赖的家族品牌保护伞下，新产品可以获得更好的市场机会。

家族企业——家族企业是指部分或全部企业管理阶层是基于血缘关系，掌握一定企业所有权和控制权，以企业为组织形式的经济组织。

经典品牌——经典品牌是对传统和现实中极具代表性和文化内涵的品牌的统称。

集中营销——集中营销是指企业选择一个细分市场，并对之进行密集的营销活动，这种方式特别适合于企业资源有限的情况。根据这种战略，企业将放弃一个市场中的小份额，而去争取一个或几个亚市场的大份额。集中营销是小型的新兴企业与财大气粗的企业竞争时取得立足点的极好办法，如果细分市场选择得当，企业便能赢得较高的投资回报率。但是，集中营销也蕴藏着风险，被选中的细分市场可能会变得疲软不振。正是因为这个原因，许多企业通常还是喜欢在多个市场中分散经营。

基准营销——基准营销是指将本公司的经营状况、营销水平与竞争者或行业内外一流的领先者进行分析对比的过程，这是一种评价本公司和研究其他公司的手段，是将竞争者或领先者的成就作为本企业的发展目标，并将其先进经验移植到本企业经营管理中去的一种方法。显然，基准营销改变了以往与竞争对手不择手段、殊死搏斗的竞争关系，而是演化成了同竞争对手相互促进的关系，通过发展来竞争，所以，基准营销更是一种能使公司保持较大竞争力和不断进步的前沿战略。现在，基准营销不仅可以用于对产品和服务的比较，也可以进一步扩展到企业的生产过程、人员素质、组织行为等方面，亦即扩展到企业的整个价值链的各个环节。基准营销在具体的操作上包括以下步骤：1）决定要比较哪方面的功能；2）考虑影响这一功能的关键变量是哪些；3）选取合适的企业进行比较；4）将自己与对象进行比较；5）制定一定的程序和行动来缩短这种差距；6）贯彻并监督结果。

跨国营销——跨国营销指某一企业在世界范围内的市场营销活动。一些跨国企业的目标市场可能包括很多国家，因此，有时这些企业需要设计一个跨国营销政策以协调各国独立的市场营销活动。由于不同市场有不同特点、季节规律和特殊用户需求，因此，在不同市场上推行相同或相似的市场营销政策并不总是合理的。跨国营销政策可以使企业对不同市场进行比较分析。例如，企业可以通过不同国家广告成本效果的对比选择适合各个国家的广告政策或促销政策。通过跨国营销的这种计划和协调可以使各个国家选择适合其具体情况的营销政策，也可以使某一市场的经验在其他相似市场得以推广。

连锁专卖——按照国际上普遍接受的定义及划分方法，连锁店是指经营同类商品、使用统一商号的若干门店，在同一总部的管理下，采取统一采购或授予特许权等方式，实现规模效益的经营组织形式。

联系营销——联系营销是指企业与其他组织（营利性或非营利性）出于共同利益的需要而结成战略性营销联盟，以帮助双方实现营销目标。此外，联系营销还可以看作是根据消费者以前的购买模式而展开的目标市场营销。联系营销在网络营销中的使用尤为普遍，电子邮件、信函直销或现场推荐是其典型形式。某项产品或服务的定期购买者，会因为其以前的购买行为，而自动获得有关新产品近期发布的消息。

零售商品牌——零售商品牌是由大型零售商拥有并由特定的零售渠道经营的品牌，也称自有品牌。

绿色营销——绿色营销可被认为是企业在政府对其新产品开发、生产和营销推出强制标准之前的主动行动。绿色营销包括产品安全性、用户满意性、社会可接受性等多个方面，绿色营销组合又被称为"4S"组合。满足用户需求是绿色营销组合的起点，这种满足是指产品本身及产品的生产过程不会对消费者、企业员工、社会和环境造成损害。绿色营销组合还强调社会可接受性，即产品及其生产、营销过程都能够被社会所接受。最后，产品应该是可持续的，也就是说，企业应该保证国家未来的法规不会对目前产品的生产、营销和消费作出限制。

买手——提姆·杰克肯（Tim Jackon）（2001）将买手定义为："服装买手（buyer）就是以获取利润和满足消费者需求为目的服装专业买家，负责从服装生产商或服装批发商等供应商手中挑选服装货品，然后由服装零售商销售，是联系服装供应商与服装零售商之间的桥梁"。

目录营销——目录营销是指通过给精心挑选的消费者邮寄目录或给商场配备目录进行销售。大多数消费者乐意收到产品目录，有时还愿意掏钱去购买。许多目录销售商现在甚至在书店和杂志摊上出售他们的产品目录，许多企业间销售商也很重视产品目录。不管它是简易小册子、三环活页夹还是书本，或者是录像带或电脑软件盘，产品目录仍然是当今运用最普遍的销售工具之一。对于一些公司来说，它实际上已经替代了人员销售。

内部营销——内部营销是指公司必须有效地培训和激励直接与客户接触的员工和所有辅助服务人员，使其通力合作，为客户提供满意的服务。对于一贯提供高质量服务的公司来说，营销人员必须让公司的每一个人执行客户导向战略。实际上，内部营销应置于外部营销之前。在另一个层次上，内部营销的概念可能更加宽泛，随着组织结构和管理流程的快速变化，公司内部的团队和部门之间可能存在着营销的核心是企业内部人员的行为和态度的变化。正如外部营销的目的是使消费者认识到产品的价值并购买产品一样，内部营销的目的是企业内部人员理解、接受并使用新产品（服务）的过程。

品类发展指数 CDI——品类发展指数将产品在某一市场的销售量占总销售的比例与该市场的人口占总人口的比例联系起来。美国市场的品类发展指数的计算可用下面的公式表示：CDI =（某种产品全美销售额占某市场的比例/该市场消费者人数占全美总人口的比例）×100%

品牌——美国市场营销协会对品牌的定义如下：品牌是一种名称、术语、标记、符号和设计，或是它们的组合运用，其目的是借以辨认某个销售者或某群销售者的产品或服务，并使之与竞争对手的产品和服务区分开来。一个品牌能表达六层含义：1）属性，一个品牌首先给人带来特定的属性。2）利益，一个品牌不仅仅限于一组属性。因为客户不是购买属性，他们是购买利益，所以属性需要转换成功能和情感利益。3）价值，品牌还体现了该制造商的某些价值观。4）文化，品牌可以附加和象征一定的文化。5）个性，品牌还代表了一定的个性；6）使用者，品牌还体现了购买或使用这种产品的是哪一类消费者。

品牌保护——品牌需要保护，保护之努力不仅来自企业内部，也来自于外部，尤其是媒体。品牌在完善和保护中才能持续。

品牌本质——品牌本质与品牌特点在许多方面的差别甚微。品牌本质所关注的是品牌实际作为及其表现。可以通过以下两个关键因素对品牌本质进行直观描述：1）品牌的核心竞争力/品质；2）品牌的个性或风格（包括品牌遗产和品牌价值）。

品牌标识——品牌标识是一系列便于消费者识别的视觉特点。一般来讲，产品标识包括与产品相关的名称、形象、平面设计、颜色、包装设计和营销广告语等。

品牌蚕食——品牌蚕食是指通过牺牲一种产品而使另一种产品获益。企业在推广新产品或向其产品组合添加新产品的过程中，品牌蚕食是能够同时维持销量并抵消竞争的有效方法。在帮助企业成功实现在某一更小范围目标市场内的产品营销和销售时，品牌蚕食也肯定会造成产品推广和分销成本的增加。

品牌策略——品牌策略与战略不同的是，品牌策略作为战术，主要研究品牌塑造和成长的具体手段。

品牌超越——对品牌的理解不应当只是在理论和理念上的认识，用超越品牌的观念去认识品牌会更有意义。

品牌承诺——品牌是一种信用的承诺，品牌代表关爱、诚信和诚信的程度。

品牌冲击力——品牌的冲击力是品牌综合素质强劲的、显著的和高效的表现。

品牌创新——品牌的创新是品牌内涵的创新，不断创新的品牌内涵可以丰富品牌的价值。

品牌定位——品牌定位是指为使本品牌在消费者心目中相对于竞争品牌而言占据清晰、特别和理想的位置而进行的安排。因此，品牌定位设计的位置必须使其有别于竞争品牌，并取得在目标市场中的最大定位战略优势。品牌定位一旦确立，营销组合需支持品牌定位，而不是损害它。品牌定位包括以下三个步骤：1）识别据以定位的可能性竞争优势；2）选择正确的竞争优势；3）有效地向市场表明品牌的定位。品牌定位可以通过多维等级分析得到很好的解释。一个品牌在目标市场上都要采用定位策略，也就是说，它通过明示或暗示的方式比较对主要竞争品牌的感觉。

品牌对比——品牌对比是指同类同行中品牌特征、内涵和实力的比较。

品牌发展策略循环——品牌发展策略循环是指用以描述品牌逐渐构筑中的一系列步骤和过程。这些步骤和不断往复循环的过程主要包括：1）投资于新品牌；2）运用消费者沟通策略培养消费者对产品及属性的认识；3）设计刺激销售方案、产品推销、广告促销和售点设置以实现品牌支持；4）通过品牌认知影响消费者选择，即激发消费者对该品牌的需求；5）鼓励零售商长期固定地引进该品牌；6）构筑范围更广的分销网络；7）加强与分销商和零售商的联系；8）作为一种品牌促销策略，应该鼓励零售商对其所引进的产品有更加全面的认识；9）销售额增长、成本节约、生产线扩容以及利润增加都会释放出更多的资金用于新品牌的投资，因此这又回到了第一步。

品牌发展指数 BDI——品牌发展指数的计算方法是：将某品牌在市场上的销售量占全部销售量的比例，除以该市场的消费人口占全部人口的比例。

品牌风格——品牌风格是品牌持有者价值观和文化的一种内在素养和外在表现。

品牌分类——品牌分为个人品牌、产品（项目）品牌、行业品牌、企业品牌以及制造商品牌、中间商品牌等品牌系统中的主品牌和附属品牌。

品牌服务——品牌服务是品牌产生经济效益的过程中最重要的过程行为。

品牌个性——品牌个性是指该品牌在消费者心目中的形象。也就是将品牌人性化，或者说向消费者提出这样的问题："如果本品牌是人的话，他会是个什么样的人？"这种方法称为投射法，可以帮助企业确定其所提供的产品（服务）的特点，并确定广告策略和市场营销策略。品牌个性通常始于品牌的定性研究，并借此确定品牌的基本因素。企业可以实施不确定的品牌个性战略，还可以根据需要更换其品牌个性。成功的品牌形象策略能够按照客户需要推出品牌个性。有的产品关注客户需要，有的将品牌定位于酷和奢华，还有的仅仅寻求解决问题并定位于客户可以依赖的朋友。另一种方法是通过编故事来确定品牌形象，如提出类似"能否告诉我你与某产品的故事？"的问题来实现目的。使用这种方法，可以为潜在消费者设计一定的场景并将他们置于其中，使他们认为这就是他们的真实生活场景。由于每个潜在客户对这一场景都会有不同的解释，因此，这是一种更为个性化的品牌形象确定方法。

品牌功能——从生产企业来看，树立品牌便于目标消费者体现自我价值；容易处理与追踪产品，便于表现商品企划理念，树立良好的产品形象；注册商标及专利，可以防止产品被模仿侵权；可以从出租品牌使用权或转移品牌所有权中盈利；便于管理和整合销售渠道；利于稳定质量水平，树立良好企业形象，吸引该层次的消费者再次购买；便于实行产品价格差别化策略，容易制定市场计划，新品的开发也容易实施，以及推进销售计划，实施视觉商品企划等。从流通领域来看，品牌商品的特征明显；消费者容易选择；责任所在为生产者；容易重新采购；附加价值高；容易管理。从消费者角度看，品牌是产品的形象和价值的反映，在质量、价格、保质期方面可以感到安全、可靠；便于辨识、购买，不用花费很多时间就可作出购买决定，同时使购买的商品符合自己的品位和社会地位；便于与其他商品与价格相比较；便于重复购买和使用；便于自由地表现自己的生活方式；能指导下一季的服装购买；树立自信，便于获得社会认同。品牌代表了企业的声誉和服务，维护着消费者的权益，有助于建立消费者对生产者的信任。

品牌管理——品牌管理系统是由美国宝洁公司最先发展起来的，每一个品牌都由一个品牌经理来管理公司运营中影响品牌的方方面面，从产品开发到销售和分销各个方面。品牌经理是负责品牌的总管，对于各种事情都要负责，从战略发展到最低赢利线。事实上，这种品牌管理的模式是分解式的，并且从来都不适合那些只具有单一品牌的公司。然而，即使对多品牌的消费品公司来说，传统的品牌经理的角色也在变化着。首先，由于品牌的重要性，故而不能只让一个品牌经理来管理，他们只能提出建议，并运用他们对于品牌各方面的丰富知识来帮助董事会将品牌定位，并与别的品牌竞争。其次，很多品牌现在是国际性的甚至是全球性品牌，因而品牌管理成为另一种形式的矩阵,包括多个国家以及多个职能团队。无论怎样,品牌管理慢慢变成了高层主管的主要职责,这是因为他们要对股东们给予最高的资产收益回报,而品牌现在已经成为了公司除了人力资源以外的最重要的资产了。

品牌故事——品牌故事又称品牌叙事、品牌典故,品牌利用品牌故事传达一种世界观,一系列超越商品使用功能和认知产品特征的神圣信念。品牌故事以存在主义的纽带形式把消费者和品牌联系起来,它是品牌力量的基础和源泉。品牌故事以自我循环的方式运行,这种自我循环能带动消费者的积极参与。

品牌估值——品牌估值的实质是衡量企业品牌的货币价值,包括对企业商誉的估值。商誉包括与品牌相关的所有有形资产和无形资产。无形资产中包括的版权、专利、顾客忠诚度、分销网络、员工培训以及经历等都会在估值中体现。因此,对企业品牌的估值结果一般比有形资产的总值要高。

品牌估值方法——品牌估值使用的方法与企业估值所使用的方法类似。企业估值一般将未来可能获得的利润或现金折现为企业的净现值。品牌估值也将品牌未来产生的现金流以一定的折现率折算成净现值。这里所用的折现率反映了未来现金流的风险,即企业品牌未来产生利润的能力。品牌估值方法的核心是企业品牌的经济用途。也就是说,拥有该品牌能为企业带来多少价值?此外,品牌的增长前景和稳定性也是衡量企业品牌价值的重要因素。品牌估值要考虑以下四个方面:1)财务分析,主要分析企业及企业的无形资产盈利能力;2)品牌分析,指企业在某市场上创造市场需求的能力,及在总需求中有多少是由企业的无形资产创造的;3)市场分析,评估品牌的优势和劣势以评估其未来盈利能力;4)法律分析,即确认法律上企业拥有品牌的所有权,该品牌的所有权没有任何纠纷或未决诉讼。

品牌合并——品牌的合并包括简单意义上的组合型合并和复杂意义上的结构型合并。

品牌核心——品牌核心是指品牌具有的核心要素,核心要素是品牌构成中诸多元素里最为本质的内容。品牌的主题文化背景是构成品牌核心元素的基础。

品牌嫁接——品牌及其影响可以通过并购、联合等多种形式来实现嫁接。

品牌价值——品牌价值与品牌个性有紧密联系。品牌价值是品牌的一系列因素(包括产品功能、风格等)所带来的价值总和。产品(服务)可以通过品牌与消费者联系起来,品牌价值就是对这种联系程度的度量。消费者希望找到能更好地满足其需求的商品。而品牌价值可以建立消费者的信任和亲切感。建立明确和清晰的品牌价值能够帮助企业更紧密地联系消费者,并借此建立品牌忠诚度。这也意味着企业可以建立对品牌的长期信赖以创造稳定的收入流。

品牌基础——品牌的基础就是品质和品位，包括产品、管理的运行品质和审美品位。

品牌结构——品牌是一种形象化、资本化的物体，所以存在组成结构。品牌资产的构成包含知名度和美誉度。

品牌积累——品牌的实力不是一蹴而就的，有实力的品牌源自于一种长期积累，来自企业生命活力的积累。

品牌精神——品牌应当赋有的一种内在的精神气质，而不仅仅是一种外在的形象。

品牌经营——品牌经营就是使品牌的无形资产实现其经济效益最大化。

品牌竞争优势——由于品牌能够为其消费者提供更有价值产品、更好产品质量或更优质服务而在市场竞争中所拥有的商业优势。一般情况下，竞争优势表现在产品较低的价格上。但有时，由于品牌能为其客户提供质量更好的产品或能更好地满足客户的需求，品牌的产品也可能在高于平均价格的情况下享有竞争优势。

品牌金字塔——品牌的概念可以被看作是一个由包括不同含义和内容的几个层面构成的金字塔。通常情况下，该金字塔用来表述确立品牌内涵的渐进过程以及企业为增强客户的参与度、感知和兴趣度所作出的努力。

品牌扩张——企业对已实现的品牌资源的开发和利用，使品牌生命延长、价值提升和市场份额扩大。其中以企业为主线的品牌扩张可称为品牌克隆；经授权而相对独立的品牌可称为品牌委托。

品牌联合——品牌作为一种无形资产，可以在联合中寻求和产生新的品牌优势，若干品牌可以聚合而形成品牌集群效果。

品牌联想——品牌联想是指当被问及对某一产品或服务的看法或了解程度时，客户自发联想到的该品牌对其的意义。客户可以通过很多方式而产生品牌联想：1）通过对某品牌的直接体验而获得；2）通过该品牌的某种信息传播渠道而获得；3）通过其他品牌的相关信息进行假设或推断而获得。

品牌领导者——品牌领导者是指拥有最大市场份额并在市场上起支配作用的品牌。品牌领导者是其他品牌比较的基准，模仿品牌领导者的其他品牌就是品牌追随者。判断品牌领导者还可以依据品牌影响力和震撼力等重要指标。

品牌理念——品牌的基本理念是：有别于人、位显于人、授益于人、亲和于人。

品牌利益——顾客都关注品牌的形象和内涵，而根本上更关心的是品牌的利益。

品牌媒介——品牌传播一定是通过某种媒介来进行的，媒介的选择对品牌传播的效果影响显著。

品牌魅力——品牌魅力主要表现为其知名度、关注度、审美度、美誉度和忠诚度。

品牌美誉度——品牌仅有知名度还不够，美誉度比知名度更能使品牌具有价值。

品牌名称——品牌名称是指品牌中可以用语言称谓表达的部分。一个好的名称能极大地促成一个产品的成功。但是，找到一个最好的品牌名称却并不是件容易的事，不仅要仔细地研究产品及其利益、目标市场以及拟定的营销战略，还要关注语意和文化内涵等方面。一个理想的品牌名称应包括以下要素：1）它能使人联想到产品的质量和利益；2）它应该易读、易认、易记，在这点上，简短的品牌名称效果较好；3）品牌名称必须鲜明独立；4）品牌名称应易被译成外语；5）应有资格注册和取得法律保护。

品牌品位——品位是品牌的重要基础之一，是广义的审美追求之结果。

品牌潜能——品牌有寿命，也就有潜能，品牌潜能的发现并激发将延展品牌寿命。

品牌潜质——品牌未来成长的潜在素质和价值，决定品牌成长的未来空间。

品牌亲和力——品牌在气质上有征服型和亲和型之别，亲和型的品牌更容易被消费者和合作者接受。

品牌权益——参见品牌价值

品牌区别——品牌区别又称为产品区别，指那些能够用来区分某品牌与竞争产品（服务）的有形利益或特征的识别过程。品牌区别策略包括富有特色的低价；更多样化的选择；便利、高效而迅速的服务；最新式或最时髦的产品；声誉或整体而言的最高价值以及可靠性。

品牌确定——品牌确定是指为一个产品制定价值、外形、关注、认知、质量、特点、功能和名称等。品牌确定实际上包括所有保证创造的无形价值，这种无形价值有助于产品在市场竞争中脱颖而出。

品牌人格——品牌人格是企业人格的外化表现。品牌应当富有人格。

品牌荣誉——品牌本身就是一种荣誉，而荣誉是消费者、投资者和合作者都关注和追崇的。

品牌商标——品牌商标是关于产品（服务）的标志、形象、颜色或文字。品牌商标是品牌形象和品牌特征的组成部分。与品牌名称不同，品牌商标一般难以用文字表述。

品牌升级——使品牌内涵围绕目标市场升级的同时不断地同步升级，升级顺序为：普通品牌→知名品牌→著名品牌→优秀品牌→强势品牌。

品牌审美——品牌审美包括微观的品牌形象和宏观的企业审美追求。

品牌识别——品牌应当具有良好的识别系统，这个系统易于识别、易于理解、易于记忆、易于传播。

品牌时代——品牌竞争作为一个历史时期中的主要特点而形成了一个阶段性的时代。

品牌实力——品牌不是虚无的、名实不符的，品牌背后是应当注重的实力基础。

品牌寿命——产品和企业有寿命，品牌也就有寿命，恒久的品牌需要长久的品牌建设过程。

品牌输出——输出品牌，绝不只是简单的连锁买卖关系，重要的是输出一种责任。

品牌属性——品牌的属性是品牌所具有的某些特有性质，品牌具有价值性、无形性、排他性、专有性和持续性等。

品牌诉求——品牌诉求是关于品牌精神和内涵的一种责任语言。

品牌塑造——品牌不是天上掉下来的，需要刻意的塑造。反过来，优秀品牌也可以塑造人和团队。

品牌素质——品牌有素质的高低，高素质的品牌拥有能带来更高附加值的形式和高品位的内涵。名不符实的品牌必然存在泡沫成分。

品牌调试——品牌调试是指采取营销行动来树立良好的品牌态度或品牌印象。为了提高客户对于产品的信心和信任，品牌调试会将产品与某一正当理由联系起来，或只强调产品与竞争者相比较的主要优点。

品牌挑战者——品牌挑战者可能是市场上出现的新产品或服务，也可能是过去由于环境所迫而成为品牌追随者的现有产品或服务。品牌挑战者不甘于接受品牌领导者在市场上的主导地位，并企图通过可以采取的任何手段破坏和取代该产品或服务。尽管品牌挑战者尚不具有优势，因为其领导地位尚未取得市场的普遍认可，但它却有机会利用"后起之秀"和不屈不挠的形象而采取切实行动替代品牌领导者。

品牌提升——品牌提升是随着企业的战略目标定位而变化的，如同逆水行舟，不进则退。

品牌推广——品牌再好再有名也需要推广，在推广的过程中实现推而广之、推而强之。品牌宣传中强烈的表现形态可谓之品牌张扬。

品牌维护——品牌需要维护，品牌的维护是一种在不断反省之后的持续努力。

品牌文化——品牌代表和反映着一种文化，即企业的思想、思维方法、生存方式等等。

品牌物化——品牌不仅是一种形象和无形资产，而且还是可以物化的价值和实力。

品牌误区——对品牌认识存在的误区，例如虚无论、无用论、万能论、实用论、技术论、短期论、炒作论、模糊论等。

品牌象征——品牌具有象征意义，象征着产品或机构的某种精神层面的东西。

品牌细分——品牌细分与市场细分存在密切联系。通过市场划分，企业认清了其产品（服务）的目标顾客群体，品牌细分通过采用不同品牌来更好满足目标顾客的需要而将市场进一步细分。对目标顾客加以定位后，企业可以在各个不同市场采用不同的产品外观、品牌策略。品牌细分的过程需要考虑以下因素：1）企业确定其产品的价格和品质（如针对大众市场、中级市场、高级市场和奢侈品市场）；2）为其定位的市场选择合适的分销渠道（如打折商店、大卖场、百货商店与专卖店等）；3）在一定的产品价格、产品质量和确定的分销渠道下确定关键营销区域（如选择城市、农村、高速公路作为营销重点区域或主要通过信函销售）。完成品牌细分过程后，企业可以了解其目标顾客的年龄、受教育程度、收入和婚姻状况等方面特点。根据不同市场上的不同顾客的特点，选择合适的价格、质量、分销、重点销售区域政策，并采取不同品牌策略（如同一商标有不同形象、增大商标尺寸、改变商标形象等）在不同目标顾客中进行适度营销。

品牌细节——品牌的外在形象和内在精神是由一系列科学的、艺术的乃至哲学的细节构成的。

品牌形式——品牌表达的形式，可能是符号或者是一个完整的系统，它们表达相应的含义，形成平面的或者立体的形象。品牌形式在人们心目中所形成的形象化感觉就是对品牌的印象。

品牌形象——品牌形象是指消费者对产品的整体认识，或者说消费者对产品的真实感受。品牌形象也可能与品牌标识不同。企业会不遗余力地向消费者证明：其所提供的产品或服务正是消费者希望得到的。

品牌形象——品牌形象是指品牌在消费者心目中的印象。品牌形象包括品名、包装、图案、广告设计等。品牌形象越突出就越能促进购买。形象是品牌的根基，所以企业必须十分重视塑造品牌形象。

品牌演变——品牌可以演变，百年品牌毕竟是少数，关键在于品牌灵魂的延续。

品牌延伸——品牌延伸通常是指将现有产品的名称应用于不同的产品门类中，以推广新产品。品牌延伸是企业在现有客户忠诚度基础上对其所提供产品范围的延伸。客户忠诚度越高，新产品获得成功的可能性越大，从而使得品牌延伸成为一项低风险扩张策略。品牌延伸与品牌多样化不同，后者是在同一市场上用不同品牌名称的类似产品满足类似客户的需求。品牌延伸策略的关键因素包括：1）延伸某项具有优势的属性或产品特征；2）延伸某项具有优势的品牌联想利益；3）以客户的态度或信仰为基础延伸某项品牌联想；4）在品牌本质的基础上延伸品牌（以区别于该品牌的个性或利益）。

品牌影响力——Guilding 和 Moorehouse 认为品牌影响力由以下七个因素决定：1）市场份额和是否在市场上处于支配地位；2）市场特点即现在和未来发展特点；3）稳定性，即品牌忠诚度；4）市场趋势，即品牌未来的可持续性；5）其他支持，如市场营销支出和产品质量等；6）保护，如专利和版权保护等；7）跨国营销因素，即品牌在不同市场上的传播性和可得性。

品牌营销——品牌营销是一个企业的基础性战略程序，它以市场活动为主导，通过企业方方面面的运作，建立起客户认同的品牌效应并释放出巨大的市场价值。品牌营销努力使其产品和服务与购买者、使用者保持连续不断的关系，同时从视觉印象、可感知性、市场定位、附加价值、形象效果和个性化等诸多方面强化这一过程，从而使企业的产品、服务在市场上和竞争中获得特殊的权力和利润。随着各国由工业社会向信息社会的转变，各国市场的联系日益密切，各种区域市场和全球市场已初具规模，推出世界性品牌，已成为许多跨国公司国际营销的必然趋施。因此，品牌营销也常常指企业在全球市场上，即不同的国家和地区，以同一种品牌推销其所有产品的国际营销策略。无论是在何种市场、层次和范围内进行品牌营销，都需要建立起功能架构（包括信息浓度、质量、安全性及附加价值等）、个性特征（包括设计、识别和使用印象等）、文化来源（包括公司主张、目标、赞扬和排斥因素等）以及关联差异（包括长期联系、使用者类型、自我形象反映等）。这些不同因素相互作用的结果，就使得品牌营销者必须做到以下几点：1）创建出具体的产品和细微的服务特色；2）在广度和深度上确保沟通和使用的连续性；3）不断将特征、功能和利益传送给目标顾客；4）从战略角度持续释放品牌的市场权力、利润和价值。

品牌引力——品牌对于关注者的引力在于它的包容性、亲和性和诚信实力。

品牌引入——有选择地引入品牌，等同于有偿地引入有价值的无形资产。

品牌意识——品牌意识即企业人员对企业和产品精神目标的认识态度。

品牌用户——品牌的用户是品牌的使用者也是品牌的拥戴者和批评者。

品牌优势——由高位品牌所建立起来的竞争优势，这种优势的直接作用是知名度和美誉度所带来的市场关注度。

品牌再造——正在衰落和已经衰落的品牌，不排除有再造重生的可能，当然其代价不菲。

品牌责任——品牌的责任是因为塑造和具有这种诚信与责任而赢得关注者的长期信任。

品牌战略——品牌战略是指企业进行的与品牌相关的一系列规划与决策。由于客户视品牌为产品的一个重要组成部分，因此建立品牌无疑能提升附加价值并给营销者带来许多竞争优势。贯彻和执行品牌战略变得如此重要，以至于几乎无法想像没有品牌便能在市场上获胜的情形。品牌战略包括产品线扩展（已有品牌名称扩展到已有产品的新形式、新尺寸和新风格中去），品牌扩展（已有品牌扩展到新的产品种类中去），多个品牌（在同一类产品中推出新的品牌名称），或者新品牌（在新产品中只用新的品牌名称），或者合作品牌（两个或更多著名品牌的组合）等等。

品牌展示店——品牌展示店是与商品销售、促销和销售点相关的概念。品牌展示店是由厂商专门建造的或由普通零售店转型而来的专门经营某种商品或某类商品的销售点。一般来说，专门建造的品牌展示店是由高密度纸板或类似轻质材料建造的、易于搬运和建立的临时性建筑。有的品牌展示店的存续期更长，这一般是由销售代理人建造的，销售代理人还负责监控品牌展示店的商品库存情况。一般来说，销售代理人会定期造访品牌展示店，检查其库存的情况，并用自己的流动存货补足已卖出的商品。品牌展示店也可以建在车上，便于移动到更多地方，以最小销售空间获得最大销售量。

品牌哲学——品牌的创意过程充满着哲学思考，品牌的应用过程也充满着哲学思考。

品牌知名度——品牌知名度是指品牌在消费者头脑中存在的牢固程度。如果消费者的头脑中充满着精神广告牌——每一个描绘一种品牌——品牌知名度则可以通过广告牌的大小反映出来。知名度是根据消费者对一个品牌的不同记忆方式进行测量的，这些记忆方式包括从认知（你以前是否见过这个品牌？）到再现（你能记起这种产品的哪些品牌？），再到"首选"（第一个出现在头脑中的品牌），最后到支配（再现的惟一品牌）。然而，按照心理学家和经济学家一直以来所认为的，认知和再现不仅是记忆一个品牌的信号。

品牌忠诚度——品牌忠诚度是指消费者购买某种品牌商品的偏好程度。使产品获得品牌忠诚度是企业的最终目标。如果消费者认为某种品牌产品的特点和外观都达到其理想状态，他就会成为这一品牌的忠诚客户。决定消费者忠诚度的两个重要因素是产品品质和产品价格。如果产品品质和产品价格能达到最佳结合点，消费者就更愿意购买该种商品，并可能将这种意愿转化成他的购买习惯。有时消费者会在该产品能够满足其需要的假设前提下购买某品牌的产品，如果他发现其购买行为是明智的，他就会继续购买。忠诚顾客愿意为所钟爱的商品出更高价格，并向其他购买者推荐这种商品。对企业来说，争取一个新客户比维持现有客户的成本多六倍，因此，企业会通过各种手段获得忠诚客户。

品牌追随者——新进入品牌或现有产品、服务只提供很少增加值的品牌都可以使用品牌追随战略。从本质上讲，品牌追随是指品牌模仿市场上成功品牌的运作模式。品牌追随者既可以模仿成功产品的特点和功能，也可以参照相同的变量制定价格。

品牌资产——品牌资产包括对品牌（通常是指超级品牌或强势品牌）创造的可量化价值的描述；也包括对该价值的衡量，如最具价值品牌排名、广告支出的投资回报或品牌意识等。David A. Aaker 指出，品牌资产的衡量标准包括：品牌忠诚度、价格满意度、可感知品质、领导地位、差异化程度、普及度、可感知价值、企业联想、品牌个性、认知度、品牌认知、市场情况、市场份额、市场价格。Aaker 明确指出，企业最重要的资产应包括无形资产（企业名称、品牌、象征、标语、品牌联想、可感知品质、品牌认知、客户基础、专利、商标及与供应上的关系）。这些资产是构成企业品牌资产的重要因素，也是确保企业竞争优势和未来发展前景的重要资源。

品牌资源——品牌的塑造过程和存在过程都需要资源，企业品牌的资源由企业名称、CIS 系统、商标、商品名称和重要人物构成。

品牌组合——品牌组合包括一个组织所管理的所有品牌，包括主品牌、担保品牌、子品牌、品牌化的差异点、联合品牌、品牌化的活力点、公司品牌，它们有些好像是隐匿的。品牌组合的一个基本问题是其构成。是否应该增加一个或多个品牌？当然，在某些情况下，增加一些品牌可以强化一个组合。但是，在增加品牌之前一定要明确新增品牌的角色。而且，对于增加品牌这样的决定，其决策者或批准者应当是具有组合观念的一个人或小组。品牌组合的目标应当是以最少的相关品牌实现企业目标。也许公司遇到的问题是，是否应该放弃一些品牌？如果品牌的数量过多，公司可能没有足够的资源支持它们。更糟糕的是，存在过量的品牌可能会导致混乱，解决的办法就是修整品牌组合，尽管那样可能很痛苦。

品牌组合战略——品牌组合战略详细说明了品牌组合的结构，以及各品牌的范围、职能和相互关系。其目标是在组合内部实现协同效用、杠杆作用和清晰化，创造出相关的、差别化的和充满活力的品牌。组合中的品牌不仅包括自有品牌还包括通过联营等形式联系起来的品牌，要把这些品牌当作一支协同作战的品牌队伍考虑，对每个品牌都要赋予相应的角色以实现和支持企业战略。制定和管理品牌组合战略涉及制定以下品牌决策：1）是否增加、删除品牌或子品牌，是否改变它们的优先顺序；2）是利用描述性品牌或子品牌，还是利用担保品牌将一个品牌延伸到另一个产品类别中；3）是否将品牌向高端或低端发展；4）是否发展品牌联盟；5）是定义一个新产品类别或子类别，还是与一个新产品类别或子类别联系起来；6）是创造一个品牌化的差异点，还是利用品牌化的产品特性、元件，或者是与众不同的技术、服务和计划；7）是开发一个品牌化的活力点，还是发展品牌化的赞助、产品和促销活动，或是发展一个与目标品牌相联系的实体，以促进联想、兴趣和活力。

强势品牌——强势品牌是指那些通过价值体现及建立一种关系的基础使顾客产生兴趣与忠诚度的品牌。David A. Aaker 提出打造强势品牌的十大指导方针：1）品牌识别。为每个品牌制定一种识别；2）价值体现。要清楚扮演驱动角色的每个品牌的价值体现；3）品牌定位。对每个品牌都要给出其品牌定位，使之能够引导那些执行沟通活动的人员；4）实施方案。实施沟通方案，使之不仅能实现品牌识别与定位的目标，而且能获得辉煌的成果及品牌持久性；5）长期的连续性。要将保持品牌识别、定位与实施方案的持久一致性作为目标，要保持符号、形象代表及象征能有效发挥作用，要了解并抵制组织改变品牌识别、定位与实施方案的倾向；6）品牌系统。要确保公司旗下的所有品牌都保持一致，同时产生协同效应；7）品牌平衡。只有在品牌识别得到利用和强化的前提下才扩展品牌和开发合作品牌；8）跟踪研究品牌资产。长期跟踪品牌资产，包括品牌认知度、品牌认知品质、品牌忠诚度，尤其是品牌联想；9）品牌责任。要有专人负责管理品牌，包括制定品牌识别定位，以及在组织单元、媒介和市场间开展合作。10）品牌投资。要持续不断地对品牌进行投资，即使在公司财务目标无法实现时也要继续实行。

企业品牌——企业品牌是将企业名称作为所提供产品（服务）的品牌标识的市场营销战略。企业品牌战略是企业运用自身名称为各种产品（服务）的市场营销提供支持。消费者看到企业推出的新产品时，由于企业品牌的原因认同感和保障感会油然而生，这使得新产品也能充分获得整个企业品牌的价值和服务所带来的好处。

企业营销——企业营销或企业广告是提升企业形象战略的一部分。采取这种技术的企业会针对企业整体做广告，而不是针对某种产品做广告，这样可以树立良好的企业形象，发展更多长期客户。

全球营销——全球营销是指以世界市场为导向的一种营销策略和方式。全球营销与传统的多国营销不同，多国营销是根据不同国家市场的不同需求制定不同的营销策略。而全球营销则把整个世界市场视为一个整体，将产品标准化，通过统一布局与协调，从而获得全球性竞争优势。全球营销集中表现在以下几种商品市场：1) 有全球相似消费需求的商品。许多工业品、消费品在所有市场存在相似的需求，例如汽车、软饮料、农产品、化妆品等；2) 国母生产具有优势的奢侈品。某些奢侈品的声誉是建立在国母生产的优势基础上的，例如，若是不在原产国制造，法国香槟、苏格兰花呢、瑞典家具的魅力就会大打折扣；3) 技术标准化。价格竞争激烈的商品，例如电视机、收音机、录像机、音像等产品，如果将其特制化，成本就会极其昂贵；4) 研究开发成本高的技术密集型产品。例如飞机、超级计算机、药品。这类产品要以全球标准化来补偿初期的巨额投入，具有世界的吸引力，就应该尽量在全球市场上销售。

人员市场营销——人员市场营销指为了建立、维持或改变对某些具体的人的态度和行为而进行的活动。各种各样的人和组织都采用人员营销方法。政治活动家对自己进行营销是为了获得选票和竞争支持。娱乐业里的人和体育运动员利用营销宣传他们的事业以便提高收入。职业人员（如医生、律师、会计和建筑师）进行营销是为建立信誉和扩大业务量。企业领导人运用人员销售作为一种战略工具，在为自己积累财富的同时也为企业带来了财富。商店、慈善机构、体育队、艺术团、宗教团体和其他组织也采用了人员营销，它们与一些著名人物建立关系，以便经常帮助这些组织实现它们的目标。

商标——商标实质上是一种法律名词，是指已获得专用权并受法律保护的一个品牌或一个品牌的一部分

店家品牌——店家品牌通常是规模较小的零售商店经营的品牌。其雏形可以认为是在先于成衣工业时期的"前店后场"式服装加工销售。

善意收购——经目标公司董事会同意而直接收购该公司，善意收购时常发生。股东会收到现金或一个已同意数目的收购公司股份。

少数市场营销——少数市场营销的含义与微观市场营销或市场补缺者类似，都是指针对补缺市场推出的产品（服务）。企业对特定国家和地区的某个宗教或种族消费群体的营销行为也称为少数市场营销。很显然，针对这类消费群体进行营销要满足特殊要求，如采用不同语言制作广告，按照其国家或民族的习惯进行交易等。

奢侈品品牌——奢侈品品牌是指从外观到品质体现最高级的品牌，它设有很高的进入壁垒，因此能够象征高贵身份、地位、财富，并提供品质上乘、高度专一的产品，赋予使用者独特体验。

社会观念营销——从很多方面上看，社会观念营销的概念与社会营销的概念非常类似，两者主要区别在于前者还考虑整个社会福利。消费者和政府对于商业活动对社

会造成的影响越来越关心，由于缺少对社会问题（如浪费、能源紧缺、环境影响等）的更多关注，许多企业备受批评和指责，社会观念营销的概念就是在这一背景下诞生的。社会概念营销继承了传统营销观念中对于识别和满足消费者需求的观念，并将其拓展到让消费者实现满足的同时不为整个社会带来负担。当然，这并不是企业只追求社会目标而忽视其盈利目标，而是在产品生产和产品运输等环节上实现对社会造成的危害最小化。倡导营销理念的企业相信，如果消费者看到他们在努力推动各类社会问题的解决，消费者会对其作出友好的回应，否则，消费者会对其作出不友好的回应。综上所述，社会观念营销可看成一种战胜对手的营销策略，帮助厂商赢得市场。

社会市场营销——社会市场营销包括创设和实施旨在增加社会思想、事业或习惯在目标群体中可接受程度的方案。社会市场营销主要被应用于计划生育，环境保护、能源保护，增进健康和营养，汽车驾驶安全和公共运输等，并且在这些方面取得了一些令人鼓舞的成绩。随着环境保护、商业伦理以及社会道德方面的呼声越来越高，社会市场营销也得到了广泛的运用，营销者通过公益广告、社团集会和印发宣传品等多种形式来对目标群体施加影响，从而达到其营销目标。

社会营销——社会营销是描述如下概念的术语，企业主要功能是确定和满足客户或潜在客户的需要，企业应以比竞争者更高的效率和更有效方式实现上述功能。更为重要的是，社会营销的概念主张企业应在其商业活动中致力于维持和提高客户及整个社会的福利水平。

社会营销观念/导向——社会营销观念认为，企业的任务是确定各个目标市场的需求、欲望和利益，并以保护或提高消费者和社会福利的方式，比竞争者更有效、更有利地向目标市场提供能够满足其需要、欲望和利益的物品或服务。社会营销观念要求市场营销者在制定市场营销政策时，要统筹兼顾三方面的利益，即企业利润、消费者需要的满足和社会利益。社会营销观念要求营销者在营销活动中考虑和重视社会与道德问题。社会营销观念是对市场营销观念的修改和补充。它产生于20世纪70年代西方资本主义出现能源短缺、通货膨胀、失业增加、环境污染严重、消费者保护运动盛行的新形势之下。因为市场营销观念回避了消费者需要、消费者利益和长期社会福利之间所隐含的某种潜在冲突。

社会责任营销——在市场营销学中，社会责任是指商家对客户服务和环境保护等社会性问题的反应，以及解决上述问题的长期战略。

设计抄手——买手模式下的一名全新的产品开发人员，他主要的工作是收集与利用买手下发的新产品信息进行快速与疯狂的抄仿改工作，并做好下属设计师的工作分工与考核。

设计师品牌——设计师品牌多以创品牌时的设计师姓名为品牌名,由知名设计师领衔经营设计,强调设计师的声望。但设计师品牌并非都冠以设计师姓名,如日本川久保玲的服装品牌名称为"象男孩一样(Comme Des Garcons)";同时设计师品牌服装也不一定全由冠名设计师本人设计。

市场定位步骤——市场定位步骤是指企业根据自身竞争优势,选择准确的市场定位,并将该定位有效地向市场传递的过程。一些企业发现很容易选择市场定位战略。如果,在几个细分市场中以质量闻名的某企业若想进入一个新的细分市场而这一新市场中有足够多的购买者注重质量,则该企业在此新市场中会采取与前几个市场一样的市场定位。但是在许多情况下,两个或更多的企业会采用同一种市场定位。因此,每一个企业将不得不找到其他办法来使自己独树一帜,如允诺:"高质量,更低的价格"或"高质量,更多的技术服务"等。每个企业都必须通过建立一整套独一无二的竞争优势来使自己不同于其他企业,从而充分吸引细分市场中的消费者。市场定位包括以下3个步骤:1)识别据以定位的可能性竞争优势;2)选择正确的竞争优势;3)有效地向市场表明企业的市场定位。

市场定位战略——市场定位战略是指使本企业的产品在目标消费者心目中相对于竞争产品而言占据清晰、特别和理想的位置而进行的安排。因此,市场营销人员设计的位置必须使他们的产品有别于竞争品牌,并取得在目标市场中的最大战略优势。在对产品定位时,企业先找出据以定位的可能的竞争优势。为赢得竞争优势,企业必须向选中的目标市场提供较大的价值。这可以通过两种方式来实现:一是低于竞争者的价格,二是提供更多的服务使较高的价格变得合理。但是,如果企业将产品定位成提供较大的价值,则必须交付该较大的的价值。因此,有效的市场定位开始于切实地使企业的市场营销供应与众不同,从而能够为消费者提供大于竞争的价值。一旦企业选定理想的位置,就必须采取有力的步骤,把该定位交付和传递给目标消费者,而且,企业的整个市场营销方案应支持选中的市场定位战略。

市场营销——市场营销的含义不是固定不变的可以从不同的角度来描述和理解,且随着企业市场营销实践的发展而发展。营销大师科特勒认为最好的定义是:市场营销是个人和群体通过创造,提供出售,并同他人交换产品和价值,以满足需求和欲望的一种社会和管理过程。美国市场营销协会(AMA)1985年将其定义为:"市场营销是关于构思、货物和服务的设计、定价、促销和分销的规划与实施过程,目的是创造能够实现个人和组织目标的交换"。管理大师德鲁克是这样定义的:市场营销是如此基本，以致于不能把它看成是一个单独的功能。从它的最终结果来看，也就是从客户的观点来看，市场营销是整个企业活动，企业的成功不是由生产者而是由客户决定的。营销专家雷·高利是这样定义的：市场营销由一个公司自身适应它的环境的全部活动组成——创造性和盈利能力。营销专家罗杰把营销定义为一种管理职能，即通过把消费者的购买力转变成对公司产品或服务的客户需求，从而获得收益，并与公司的目标保持一致。总而言之，市场营销的目的是影响客户和激励他们购买、使用和再购买你的产品或服务。最佳情况下，市场营销可以使人们相信一个明显的事实并产生行动，而最糟的是，市场营销往往连这一点也做不到。但市场营销无法使谎言变成真实。

市场营销分析——市场营销分析是指企业根据它在市场上的经验和核心能力，来辨别和确认它长期营销机会的过程。对市场营销功能的管理开始于对企业情况的全面分析。企业必须分析市场和市场营销环境，以找到有吸引力的机会和避开环境中的不利因素。除分析现有和可能的市场营销活动之外，企业还必须分析自己的强项和弱项，以便能选择最适合于企业的机会。市场营销分析向其他每一个市场营销管理职能部门反馈信息和提供情报。

市场营销控制——由于在实施市场营销计划的过程中会有许多意外情况发生，所以市场营销部门必须持续地进行市场营销控制。市场营销控制包括估计市场营销战略和计划的成果，并采取正确的行动以保证实现目标，在企业所有的营销活动展开和实施过程中，营销控制自始至终地发挥着重要作用。市场营销控制过程包括4个步骤：管理部门先设定具体的市场营销目标，然后衡量企业在市场中的业绩，并估计期望业绩和实际业绩之间存在差异的原因，最后，管理部门采取正确的行动，以此弥补目标与业绩之间的差距。这可能要求改变行动方案，甚至改变某些目标。

市场营销实施——计划好战略只是市场营销成功的开始。一个优秀的市场营销战略如果得不到正确的实施，就没有什么作用。市场营销实施是指为实现战略市场营销目标而把市场营销计划转变为市场营销行动的过程。实施包括日复一日、月复一月地有效贯彻市场营销计划的活动。市场营销计划提出的问题是：什么是市场营销活动和为什么要进行市场营销活动，而市场营销实施的是：谁、何时、何地以及怎样完成。成功的市场营销实施取决于企业能否将行动方案、组织结构、决策和奖励制度、人力资源和企业文化这五大要素组合出一个能支持企业战略的、结合紧密的方案。首先，成功的执行需要一个详细的、把所有的人和活动聚集到一起的行动方案；其次，企业的正式组织结构在执行市场营销战略中发挥着巨大作用。一项重要的研究发现，成功的企业喜欢采用简单、灵活的结构，使它们能够迅速地适应不断变化的环境条件。企业的决策和奖励制度,既指导计划、预算、补偿等其他活动的操作程序,也影响着市场营销的实施。有效的实施还需要仔细制定人力资源计划。在企业的各个层次,都必须配备具有所需技能、动力和个人魅力的人员。最后,要想实施取得成功,企业的市场营销战略还必须和企业文化相适应。企业文化是指企业人员共享的价值和信仰体系,也即企业的集体特性和意义。

市场营销预算——行动计划使经理人员能够制定可行的市场营销预算,它实际上是一个计划盈亏报表。在收益栏,列出预计销售的单位数量和平均净价格。在费用栏,则列出生产、销售和市场营销的成本。两项之差就是预计利润。上级管理部门审核预算,或批准或修改。一旦批准,预算就成为物资采购、生产规划、人员计划和市场营销运作的基础。预算制定很难,但制定方法很多,从简单的"手工轧数"到复杂的计算机模型都有。市场营销预算本身就属于商业和管理的行为,通过利益成本模型的平衡与改善,它可以告诉我们生产什么、生产多少、何时生产;还可以告诉我们应该提供什么样的服务、如何定价以及提供何种折扣;何时何地做广告,选择什么媒体以及投入多大费用等。由此不难看出,市场营销预算无疑是营销活动中最重要的层面之一。

市场营销组织——现代市场营销部门可以用几种方式来组织。最常见的一种市场营销组织形式是职能组织,在这种形式下,不同的市场营销活动由一位职能专家来领导,如销售经理、广告经理、营销调研经理、客户服务经理或新产品经理。在全国或国际上销售的企业经常采用地理组织,在这种形式下,销售和营销人员被分派到具体的国家、地区和分区。地理组织使销售人员进驻某个地区,认识他们的客户,并以最小的旅行时间和费用进行工作。具有种类多、而且差别很大的产品或品牌的企业经常采用产品管理组织。使用这种方法,产品经理要为某种产品或品牌制定和实施一个完整的战略和市场营销方案。对那些只销售一种产品给许多不同种类的、具有不同需要和偏好的市场的企业来说,市场管理组织或许是最好的选择。市场管理组织类似于产品管理组织。市场经理负责为具体市场制定市场营销战略和计划。该体制的主要优势在于围绕具体客户需要来组织企业。生产许多不同的产品,这些产品又流入许多不同的地理和客户市场的大型企业,通常会采用职能、地理、产品和市场组织的某种混合形式。这能保证每个职能部门、产品和市场得到管理部门对其应有的关注。但是,它也会增加管理费用,以及减少组织灵活性。不过,组织专业化所带来的利益通常还是会超过其不利影响的。

事业关联营销——事业关联营销指企业与某个慈善团体的经济联系。一般来说,这种联系可以通过对其品牌的营销,使企业的产品(服务)也从中获益。企业既能利用自身的经验和知识帮助慈善团体实现目标，又能从这种关系中获取一定的经济利益。研究显示，事业关联营销是企业进行市场营销和提升企业整体形象的有效工具。有超过75%的企业通过某种方式实施事业关联营销的策略，而近90%的消费者感觉企业的事业关联营销会改善其对该企业的印象。

收购——收购是一个商业公司管理学的术语，指通过取得控制性股权而成为一个公司的大股东的过程。即大量购买收购目标的股权，达到控制指数50%以上。

双重许可营销——双重许可营销需要潜在消费者两次确认愿意接受企业发送的市场营销信息。通常情况下，潜在消费者向企业发出明确的需要企业为其提供市场营销信息的表示后，企业会与该潜在消费者联系以求得验证，如果消费者再次表示仍然有兴趣定期获得有关企业产品的市场营销信息，双重许可营销过程才能宣告完成。其主要作用是保证消费者对企业提供的营销信息的确有浓厚的兴趣，而不是可有可无。在多数情况下，双重许可营销的第二个确认过程是企业的自动批处理系统以电子邮件的形式实现的。

水平营销系统——相对垂直营销系统而言的另一个渠道发展形式是水平营销系统，营销专家阿德勒将它称为共生营销。它是由两个或两个以上的公司联合开发的一个营销机会。这些公司缺乏资本、技能、市场或营销资源，无法独自进行商业冒险或者承担风险；当然也有可能因为它发现与其他公司联合可以产生巨大的协同作用。在进行水平营销系统设计和构建时，公司可以和竞争者或非竞争者联合，这种联合行动可以是暂时性的，也可以是永久性的，也可以创立一个专门公司来进行联合。

数据库营销——数据库营销就是企业通过搜集和积累有关消费者的大量信息，经过处理后预测消费者有多大可能购买某种产品，以及利用这些信息给产品以精确定位，从而有针对性地制作营销信息以达到说服消费者购买产品的目的。通过数据库的建立和分析，可以帮助企业准确了解客户信息，确定企业的目标消费群，同时使企业促销工作具有更加准确的针对性，从而大大提高企业的市场营销效率。借助消费者信息数据库，企业的营销工作就能根置于客观实际，而不仅仅是凭经验直觉进行猜测和判断，特别是大量市场信息泛滥的情况下，数据库营销能够帮助企业更好地理解市场和进行目标定位。进行数据库销售时，企业需要关注并运用以下5个要素：1）数据库营销是信息的有效应用；2）成本最小化，效果最大化；3）客户终身价值的持续性提高；4）"目标客户群"观念，即一个特定的消费者群体对同一品牌或同一公司产品具有相同的兴趣；5）双向个性化交流，买卖双方实现各自利益，任何客户的投诉或满意度通过这种双向信息交流进入公司客户数据库，公司根据信息反馈改进产品或继续发扬优势，实现最优化。

私有品牌——私有品牌是指中间商将制造商生产的产品贴上自己的品牌名称而面向最终的客户，或者在制造商把产品卖给中间商之后，由中间商给产品取个私人品牌（也叫商店品牌，或销售商品牌）的名称。通常而言，私人品牌是很难建立的，并且库存和促销费用也很大。但是，它们也为中间商带来较高的利润。同时，由于该产品是中间商的专营品牌，客户不能从竞争商那儿购得，所以增加了商店的客户流量和客户对产品的忠诚度。

特许经营——特许经营是生产商、批发商或服务商及独立经营机构通过合同方式订立的长期合作关系。较大企业为较小企业提供管理支持，并授权小企业经营产品（服务）的权利，而小企业则要向大企业支付特许经营费用。在这一经营活动中，提供产品（服务）的企业就是特许经营授权商（franchisor），得到授权的较小的企业为特许经营商（franchisee），它们之间的关系就称为特许经营关系。特许经营关系有两种主要类型，最为普遍的方式是产品或商标的特许经营。特许经营授权商不仅可以向特许经营商提供商品和品牌使用授权，而且可以将成功的运营模式传授给它。在实际操作中，特许经营商除要缴纳一笔不菲的初始费用（主要包括必要的培训和指导费用）外，还要缴纳另外两笔费用。一笔费用是每年或每季按照销售额的一定比例支付给特许营销授权商的，另外一笔费用是按照销售额的一定比例支付给特许经营授权商的，以抵偿其联合广告的成本。很多企业出于迅速扩张或扩充资本的需要都会出售特许经营权。在这种经营方式下，特许经营授权商可以将风险转移给特许经营商。有时，独立经营机构为了获得商标使用权或成熟的经营管理系统，也会向企业购买特许经营权。这样，独立经营机构就可以分享特许经营授权商在品牌、产品技术、经营管理系统和营销及分销系统等各方面的优势。通过特许经营方式，企业可以获得更大的市场份额，作为特许经营商的独立经营机构在产品（服务）利润的驱使下，也可能为其分担更多经营风险。在适当时候，特许经营授权商还可以回收特许经营权，独立经营其产品，巩固其产品的市场地位。

特许品牌——特许品牌也称为授权品牌，是指企业通过申请许可或者合同协议，采用其他企业已经创立的品牌名称或符号，以及一些著名的人物或角色的名字，只要支付一笔费用，这些名称就可以立即成为合法的特许品牌。

体育赞助——国家体育总局对体育赞助的定义为：企业通过对体育组织、体育活动的经费、资源的支持以达到企业获利的行为。1983年的豪威尔报告将体育赞助定义为：某机构或个人对体育项目、体育比赛、体育组织提供的支持，双方互利互惠。该报告最后说，体育赞助服务了整个体育，同时也服务了参与体育的人群。施耐特认为："体育赞助是指一种商业关系，它存在于资源供给者与体育事件（活动）或组织之间，资源供给者提供资金、资源和服务，体育事件（活动）或组织便授予一些权利以及其他可获得商业利益的要素作为回报。体育赞助是指企业单位向体育系统内的组织机构或个人提供援助支持，而被赞助者转让部分权利为回报，双方平等合作、共同得益的一项经济活动。体育赞助有如下主要特征：赞助商以钱物、劳务或技术援助为体育做出贡献。"

统一品牌——一个企业系统内所有的产品均使用的同一个品牌。

网络营销——网络营销是应用电子信息技术以实现特定的市场营销目标的营销形式，也被称为"互联网营销"。

微观营销——微观营销是在准确的市场细分基础上进行的营销形式。微观营销针对的是规模较小的特殊客户群，采取明确目的的促销活动。这种特殊目标群体可以通过地理学、人口统计学、行为学及心理学的方法进行定义。企业通过满足客户特殊需求而完成微观市场营销，这也避免了一般营销途径没有实现营销信息传送的风险。最普通的微观营销形式之一是地域化，即使品牌、促销手段适合于单独的地理区域、市场，甚至居民区。微观营销发展到极端就是大规模定制，即在大量生产准备的基础上，为个人进行专门设计，以满足每个客户的要求。

无差异性市场营销——无差异性市场营销是指企业不考虑细分市场的差异性，对整个市场只提供同一种产品而不作任何区分。企业的产品针对的是消费者的共同需求而不是不同需求。为此，企业设计出能在最大程度上吸引消费者的产品和市场营销方案。企业依靠大规模分销和大众化广告，目的是在人们的心目中树立起优秀的产品形象。无差异性市场营销是"制造业中的标准化生产和大批量生产在营销方面的化身"。无差异性市场营销能够节约成本。狭窄的产品线能降低生产、库存和运输成本。无差异性广告方案则可降低广告费用。另外，由于不必做细分市场调研和规划，因此降低了市场调研和产品管理成本。但是，绝大多数现代营销人员对这一战略表示强烈怀疑。在开发出使所有消费者感到满意的产品或品牌前，无差异性市场营销显然会遇到许多困难。

物流——物流概念源于美国，最初被称为"实体分配"。1935年，美国销售协会阐述了实体分配的定义：实体分配是包含于销售之中的物质资料和服务在从生产场所到消费场所的流动中所伴随的种种经济活动。

美国物流管理理事会将物流管理定义为：为了满足消费者需求，计划、实施和控制从起始点到消费点之间的原材料、在制品库存和产成品的有效、节约成本的流动和存储以及有关信息的过程。

狭缝市场营销——狭缝市场营销也称为补缺市场营销，是指将营销战略活动对准市场中某个特定的且有利可图的部分。这个部分通常对大公司来说微不足道，而中小公司又忽视了其价值。这种营销策略的理论基础仍然是市场细分的运作。越来越多的销售人员和专家正在抓住市场细分的启示，把狭缝市场营销视为一种巨大的机会。从理论上说，随着消费个性化的提升和购买倾向的不确定性，瞄准狭缝市场的目标客户的确能提高营销效率，减少资金上的浪费，但另一方面，狭缝市场的受众范围通常是比较有限的，这在一定程度上会给营销者带来某种风险。一个有吸引的狭缝市场通常具有下列特征：1）狭缝市场客户有明确的和复杂的一组需要，他们愿意为提供最满意服务公司付出溢价；2）"狭缝营销者"应具有所需的技术以服务于特殊需要的狭缝市场，他们需要实行专门经营后才能成功；3）"狭缝公司"并不为其他竞争者所重视，但狭缝市场应有足够的规模、利润和成长潜力。

新产品营销战略——新产品营销战略是指把新产品引入市场的初步营销计划。此战略包括三个部分，第一部分描述目标市场的规模、结构和行为，计划产品的定位和销售量，市场份额，开头几年的利润目标；第二部分描述产品的计划价格、分配策略和第一年的营销预算；第三部分描述预期的长期销售量和利润目标以及不同时间的销售战略组合。

信函直销——信函直销是通过邮政渠道传送产品广告和订单的形式实现的直接营销方式。短期信函直销一般通过一定的刺激措施激励潜在的消费者购买产品。而长期信函直销方式一般在识别潜在消费者后，每隔一段时间就会对其发出直销信件，目的是提高信件的反馈率。

信息化市场营销——信息化市场营销是一种新兴的营销方式，它是一个主要通过信息进行的买卖活动。现今条件下，我们可以基本将信息化营销与网络营销划上等号。网络能够超越时空限制，具备多媒体声像功能，这可以充分发挥营销人员的创造力。同时利用电子布告栏（BBS）或者电子邮件（E-mail）提供网上售后服务或与消费者做双向沟通，24小时随时随地提供全球性营销服务，扩大销售。信息化营销减少了印刷与邮递成本，并且无店面租金，节约了水电和人工成本。总之，网络是一个成长速度最快，变化最快的市场，是一个全天候的市场。

信息化或网络营销既可采用广播式的无差异营销策略，也可以采用一对一式的完全差异营销策略。在传统社会由于成本的限制，采用一对一式完全差异营销策略几乎是不可能的。但在网络上就会变得很方便，通过数据挖掘和网络跟踪，计算机可以锁定消费者和消费群，甚至可以制订出针对个体特征的专门的营销策略。信息化或网络营销的方式主要有：1）虚拟营销。一种利用计算机进行模拟市场研究的方法，它代替了我们传统上耗资巨大的市场试销法和实验控制法，它的主要手段是网络上进行全仿真模拟销售。2）数据挖掘。企业对每天从网络上获得的巨大的信息流进行研究和开发，决策者可以利用数据分析工具，根据营销决策的需求对其进行分析，并用于辅助决策的每一个活动。3）网上市场调查。一个与传统市场调查类似的方法，不过它是通过电子邮件和在线访问进行的。4）直接销售。完全意义上的网上直接销售目前主要以网上零售为主。直接网上销售在西方主要是从电脑组件、电子产品和图书开始的。网上直销的实现途径很多，既可以在自己的站点上直接销售，也可以加入网络集市或虚拟电子商场。网上销售的具体做法是：把自己的推销方案做成一个或数个互动界面，客户访问时可以在页面上任意挑选，当他决定购买时点击确定，并输入其信用卡密码，这样交易过程就完成了。销售商从客户的信用卡上收到钱后，会立即通过快递公司把货物送到客户手中。5）网上促销。企业将新产品和服务的信息以在线的方式提供给客户，加入各网上新闻组，客户若需要更加详细的信息则可通过超链接与企业的网络连接。6）网络售后服务。在自己的网站设置一个售后服务窗口，窗口服务可分为自动服务和人工服务两种形式。

悬念式营销——在营销学中，悬念式营销是指通过广告或宣传单发起新一轮营销攻势。悬念式营销行为的目的是为其产品或服务争取更大经济利益，而不是公布所有商业信息，这种行为一般出现在他们的新产品投放市场前或一轮新的广告攻势开始前。

许可营销——许可营销又称为请求营销，通过直接营销方式对待对特定产品的信息、新闻感兴趣的消费者。许可营销在很多不同行业和很多营销区域都有广泛应用。传统许可营销形式主要为那些要求提供宣传册、销售单的消费者提供服务，但这些消费者通常并不经常购买该厂商的商品，他们可能是厂商信息库中的流失消费者。随着互联网商业化使用的普及，许可营销也有了很大发展。许可营销与选择接收邮件或其他客户与企业联系方式有密切关系。许可营销的使用者将他们的营销方式与其他不礼貌的营销方式区别开来，为向客户信函直销或发电子邮件传递并不想要的销售信息。从本质上讲，许可营销下的消费者都对厂商提供的信息感兴趣，并愿意保持与厂商的定期联系。

一对一市场营销——一对一市场营销是指为一个消费者设计制造产品或提供服务的营销方式。唐·佩珀（Dom Peppers）与马撒·罗杰斯（Martha Rogers）的宣言《一对一的未来》在1993年出版后，一对一市场营销迅速成为热门话题。但是正像许多能激起热情的词语一样，这并不是一个多么新的概念，而是早已有的方法论的一个新花招。一对一的市场营销方式的实践，可以追溯到商业开始出现的时候，虽然当时还没有这个名称，并且一直不间断地延续到今天。甚至在美国，产品大规模化的市场营销方式的诞生地，一些一对一的市场营销做法也从革命前的日子保留到现在，没有什么变化。例如，纽约市有许多裁缝店，由个人订做服装，从布料到翻领的大小，一切都由个人选择。由于现今市场环境的快速变化，规模经济与大众媒体的效用正在降低，而消费者需求的多样性和消费忠诚的脆弱性却一直在持续攀升，所以商家要留住客户，必须采用一对一的方式。很多人相信，计算机技术将使大规模市场的优点消失，而一对一的市场营销方式将重新登上最高宝座。

营销传播——营销传播指企业的任何营销活动，包括广告、销售推广、直接销售、公共关系以及人员销售和散发营销传单等多种形式。

营销调研——营销调研是以科学方法了解顾客、市场和竞争情况，后来营销调研又扩展为对企业所处广泛环境的研究。营销调研通过客观的问卷调查揭示市场、消费者等与企业运营密切相关因素的变化。通过处理、分析、解读数据资料而进行的营销调研在营销战略战术的规划、制定和控制、评估过程中都有广泛应用。营销调研与市场调研的区别在于营销调研的范围更加广泛。市场调研仅指通过面对面访谈和电话访谈等问卷调查形式对消费者进行调研。而营销调研包括信息的收集、整理、分析等更广泛方面。营销调研所提供信息必须有助于企业对所面临情形有更深刻把握。换句话说，这种信息必须有真实价值。当然，判断这种信息是否具有价值有很多决定性因素，主要包括：1) 无论营销调研得出何种结论，企业必须愿意和能够针对接收的信息采取行动。2) 调查者和企业应该确保他们所收集信息的准确性。3) 企业应该意识到，如果没有营销调研信息的指导，其行动结果是不确定的。4) 企业还应明白，即便这种信息是可用的，也可能存在一定误差。5) 企业应意识到，准确相关的营销调研信息有助于降低企业风险。6) 企业还应明白，基于营销调研信息所作出的任何决策都可能招致竞争对手的反击。7) 为营销调研所付出时间成本和经济成本应该是物有所值的（cost effective）。必须保证营销调研的时效性，否则，其价值就会大打折扣，营销调研应该有确定的目的和时限。大多数营销调研都要完成以下任务：1) 提出问题。2) 决定调查方法。3) 确定信息类型和信息来源。4) 设计收集信息的形式和调查问卷。5) 设定样本计划和大小。6) 收集数据。7) 分析和解读数据。8) 撰写研究报告。

营销管理——在美国市场营销协会来看，市场营销和营销管理在概念上不必分割，所以他们对营销管理所下的定义是：营销管理是计划和执行关于商品、服务和创意的观念、定价、促销和分销，以创造能符合个人和组织目标的交换的一种过程。这个定义的涵义是：营销管理是一个过程，包括分析、计划、执行和控制；它覆盖商品、服务和创意；它建立在交换的基础上，其目的是产生对有关各方需要的满足。因此，营销管理会涉及到需求管理，而需求管理又涉及到客户关系管理。

营销观念/导向——市场营销观念是作为对生产、产品和推销诸观念的挑战而出现的一种新型的企业经营哲学。尽管这种思想由来已久，但其核心原则直到20世纪50年代中期才基本定型。市场营销观念认为，实现企业各项目标的关键，在于正确确定目标市场的需要和欲望，并且比竞争者更有效地传送目标市场所期望的物品或服务，进而比竞争者更有效地满足目标市场的需要和欲望。西奥多·莱维特曾对推销观念和市场营销观念作过深刻的比较，指出：推销观念注重卖方需要；市场营销观念则注重买方需求。推销观念以卖主需要为出发点，考虑如何把产品变成现金；而市场营销观念则考虑如何通过制造、传送产品以及与最终消费产品有关的所有事务来满足客户的需要。从本质上说，市场营销观念是一种以客户需要和欲望为导向的哲学，是消费者主权论在企业市场营销管理中的实际体现。现代营销观念基于4个主要的支柱，即目标市场、客户需求、整合营销和盈利能力。

营销环境——公司营销环境是指营销活动之外，能够影响营销部门发展以及保持与目标客户良好关系能力的各种因素和力量。营销环境既能提供机遇，也可能造成威胁。成功的公司都知道，持续不断地观察与适应变化着的环境是非常重要的。营销环境由微观环境和宏观环境组成。微观环境（Micro-Environment）指那些与公司关系密切，能够影响公司服务客户能力的因素——公司自身、供应商、销售渠道、客户、竞争对手和公众。宏观环境（Micro-Environment）指能影响整个微观环境的广泛的社会性因素——人口、经济自然环境、技术、政治和文化因素。识别环境的重要变化主要由公司的营销部门负责。与公司其他部门不同，营销部门必须能够跟踪发展的趋势，寻找市场机会。尽管公司所有的管理者都应了解外部环境，但营销部门有两个专长：市场情报与市场调研。他们用科学的方法来收集关于营销环境的信息，并且在客户和竞争环境上也花费更多的时间。在对市场做了系统的调查之后，营销部门能够将其战略加以改进，以适应市场新的拓展与机遇。

营销计划——营销计划是指在研究目前市场营销状况，分析企业面临的主要机会与威胁、优势与劣势以及存在问题的基础上，制定的一定时期的市场营销目标、市场营销战略、市场营销措施等，是统一相关部门和员工营销行为的纲领。营销计划主要由以下八部分组成：1）摘要。可使最高管理层迅速抓住计划的要点。2）当前市场营销状况。提供与市场、产品、竞争、分销和宏观环境有关的背景资料和影响数据。3）机会和问题分析。概述企业面临的主要机会和威胁、企业内部的优势和劣势，以及在计划中必须注意的主要问题。4）目标。确定计划中所要达到的销售利润，以及要达到的市场占有率等领域的目标。5）市场营销战略。描述为实现计划目标而采用的主要市场营销方法。6）行动方案。回答应该做什么、谁来做、何时做、需要多少成本等。7）预计的损益表。概述计划预期的财务收益情况。8）控制。说明将如何监控该计划。营销计划的循环流程如下：1）根据业绩表现，对营销目标进行修正，对近期营销目标进行重新估计。2）评估市场机会的经济资源，即发现市场上现有或可能出现的市场机会，并判断企业所掌握经济资源能否很好地把握市场机会。3）修正市场营销战略——对市场营销战略的某些部分进行修正，甚至重新制定市场营销战略。4）由于新的控制系统的出现或现有控制系统的改进而对营销计划进行修正。5）执行营销计划。

营销近视——营销近视的概念首先由美国学者西奥多·莱维特（Theodore Levitt）1960年在《哈佛商业评论》中提出。这一概念描述了只专注于自己产品而没有对消费者和市场的需求给予必要关注的情形。有营销近视的企业如果没有注意到市场形势的变化，其生产和销售就会逐渐衰落，以至最终被淘汰出局。莱维特认为企业应该首先考虑市场对产品的需求，然后对不能很好满足市场和顾客需求的产品进行调整。

营销理念/营销哲学——企业最基本的营销理念是使顾客得到满足同时赚取利润。当然，关于市场营销的准确定义和营销理念有多种不同的认识。例如，特许营销学院（The Chartered Institute of Marketing）把经营理念定义为"通过识别、认识、满足顾客需要而带来利润的活动"。美国营销协会（The American Marketing Association）将其更准确地定义为"通过对产品（服务）的推出、定价、促销和分销的周密计划和实施，使企业产品更好地满足顾客需求，从而更好地实现企业长期的活动过程"。第二次世界大战后，营销理念有了长足发展。市场营销已不仅仅是企业进行商业规划的重要方面，还被视为企业在竞争激烈的市场上维持生存与发展的重要工具。市场营销同时具备了识别目标市场及满足客户需求的职能。

营销情报——营销情报是指关于营销环境日常发展情况的信息。营销情报系统决定哪些情报是所需的，然后通过市场调查获得这些信息并提供给营销经理。

营销情报可以从许多渠道获得。大量的情报可以由本公司员工提供——如经理、工程师、科学家、采购人员和销售人员。但公司员工经常太忙以致不能提供重要情况。公司必须向员工宣传收集信息的重要性，训练他们发现新情况的能力，并督促他们向公司汇报情报。公司还必须说服供应商、经销商和客户提供重要情报。关于竞争者的情报可以从竞争者的年度报告、讲话和新闻报道以及广告中获得。公司还可以从商业刊物和贸易展览中获取关于竞争者的信息。公司还可以观察竞争者在做什么——购买和分析竞争者的产品，关注他们的销量，并查阅最新专利情况。

营销渠道——按照市场营销学对营销渠道的一般定义，营销渠道是指产品或服务从生产者流向消费者所经过的整个通道，该通道常由制造商、批发商及其它辅助机构组成。换言之，一切与商品转移有关的商务流程组成了营销渠道。

营销审计——营销审计是市场营销过程中的一个有机部分，目的是确保企业营销的目标和政策得到实施和完成。营销审计包括对整个市场营销过程的系统、客观分析和评估。营销审计要考核营销步骤、营销策略及参与市场营销的人员。

营销信息系统——营销信息系统由人员、设备和程序组成，它能够定期和连续地为营销决策者收集、整理、分析、评估和分配其所需要的、及时的和准确的信息，从而形成公司和组织的营销信息系统。在该营销信息系统，它的起始和终端都是经营者。首先，该系统和营销经理一起对评估信息需求产生影响。其次，该系统通过公司内部记录、营销情报收集、营销调查及信息分析来开发所需信息。最后，该系统以适当的形式、在合适的时间为营销者提供信息，帮助他们更好地制定营销决策。营销信息系统能够使公司准确地评估其优势、劣势、机会和风险，使其在市场环境中正常运行，从而取得重大绩效。作为一种科学的方法，营销信息系统具有客观、准确和彻底性的特征，是仅仅依靠知觉、判断和经验所不能企及的。同时，公司和营销者不应该把收集市场信息看成是偶尔为之的事情，这样做会产生负面结果，特别是当错误地理解竞争局势和外部因素时更是如此。

营销战略——营销战略是指企业单位想借以实现其市场营销目标的方法和逻辑。它具体包括目标市场战略、市场定位战略、市场营销组合战略及市场营销费用水平战略等。营销战略应强调企业以哪些细分市场为目标市场。由于这些细分市场在需要和欲望以及对营销的反应和盈利能力方面各不相同，因此，企业应从竞争的角度明智地把精力投入到最适合的细分市场中，然后再为每一个目标市场制定市场营销战略。经理人员还应该勾勒出新产品、直销、广告、销售促进、价格和销售等营销组合因素的具体战略。经理人员应解释每个战略如何对企业面临的威胁、机会和重要问题作出反应。

营销组合——营销组合是指企业为了在目标市场制造它想要的反应而混合采用的一组可控制的战术营销手段。营销专家杰罗姆麦卡锡在1960年提出的4P理论是最著名的营销组合理论。市场营销决策应考虑以下四个要素：产品、价格、地点（分销）和促销。这几个变量也被称为"营销组合"或"市场营销4P因素"。营销经理可以控制这些变量以更好地满足目标市场上的顾客需求。通过合理运用上述四种营销因素，企业可以获得目标市场的最优反应。1）产品——产品是指提供给顾客的实质性商品（服务）。从实物产品来讲，相关售后服务也是企业所提供产品的一部分。产品决策包括功能、外观、包装、服务、质量保证等方面。2）价格——对价格因素的考虑应该包括对盈利空间和竞争对手的反应等因素。价格要素不仅包括商品价格本身，还包括价格折扣（discounts）、融资支持（financing）以及租赁权选择等多个方面。3）地点——目标市场是通过分销渠道得到产品的，因此，分销渠道是企业市场营销地点方面的重要考虑因素。分销系统承担交易、配送和安装功能。分销渠道决策包括市场覆盖率（market coverage）、分销商的选择、商品配送以及服务等级等。4）促销——促销是直接与潜在消费者联系的方式。与产品价格相比，产品的促销成本较高，因此，必须经过慎重的盈利平衡点分析（break-even analysis）才能进行促销决策。必须全面了解顾客的价值后，才能确定是否应该对其他顾客大规模推广这种促销政策。促销决策包括广告促销、公共关系促销、媒体促销等方面。

游击式营销——游击式营销是非常规的营销战略，使用这一战略的目的是充分利用有限资源获得最好的营销效果。莱文森（Jay Conrad Levinson）被公认为游击式营销这一概念的始创者之一，他在1984年就写了《游击式营销》一书。他还提出了采取游击式营销战略的三个主要原因：1）由于大企业规模的缩小，行业分散化政府管制的放松、科技水平的提高和意识的解放等原因，人们史无前例地挤进小企业工作。2）企业的失败也创记录，很多小企业失败的原因在于其对市场营销的错误理解。3）游击式营销是小企业行之有效的营销方式。这种有效性很大程度上是由于其易理解、易操作而且成本低廉。BestOffer. Com是采取游击式营销战略取得成功的企业的典型案例。其非同寻常的营销行为也引起很多媒体的竞相报道。他们在旧金山推出"免费停车"的促销活动，为其客户提供免费停车服务，继而又在洛杉矶推出了"免费旅行"活动，派发了超过20000加仑的汽油。一系列的促销活动使其成为新闻报道的对象，为其带来45分钟的新闻广告时间。

整合营销传播——整合营销传播主要有两个方面的含义：其一是传播资讯的统一性。企业以统一的传播资讯向消费者传达，即用一个声音来说话，消费者无论从哪种媒体所获得的讯息都是统一的、一致的。其目的是运用和协调各种不同的传播手段，使其发挥出最佳、最集中统一的作用，最终实现在企业与消费者之间建立长期的、双向的、维系不散的关系。其二是互动性。消费者可与公司展开富有意义的交流，可以迅速、准确、个性化地获得信息和反馈信息，如果说传统营销理论的座右铭是"消费者请注意"的话，那么整合营销所倡导的格言即是"请消费者注意"。虽然只是两个词之间位置的转换，但其使消费者在营销过程中的地位发生了根本的变化，营销策略已从消极、被动地适应消费者向积极、主动地与消费者沟通、交流转化。

直接分销——参见直销渠道

直接/间接分销渠道——就有无独立的中间商而言，分销渠道可分为两种基本类型：直接和间接分销渠道。直接分销渠道指在物品和服务从生产者到消费者的转移过程中，不采用独立的中间商；间接分销渠道则是指物品和服务从生产者转移到独立中间商，再到消费者的渠道模式。如果制造商或服务商通过公司所拥有窗口直接向消费者进行销售，那么这就是直接渠道。而在间接渠道中，一家制造商可能借助好几层独立的批发商（例如地区、县和当地的），并且可以通过不同类别的零售商（如折扣商店以及专卖店）来进行销售。那些希望控制其市场营销的整个过程、愿意与客户保持密切接触而市场有限的公司，偏向于采用直接渠道。而那些希望扩大市场、提高销量、放弃分销职能和成本，并且愿意放弃一些渠道控制和客户接触机会的公司，则容易采用间接渠道。

直接营销——美国直接营销协会（DMA）将直接营销定义为：直接营销是为了达到量化的市场营销目标，公司与客户或潜在客户之间进行直接接触，并系统地使用数据信息的沟通过程。直接营销主要是一种无店铺零售的方式，它通常借助某种媒体去促使客户作出反应。它主要包括四种形式：目录销售、电话销售、电视销售和电子化购物。

直销渠道——直销渠道是一种直接分销系统，产品通过该系统而不通过任何中介直接到达最终用户。直销渠道的实现一般借助于直接销售和邮寄产品订货单等方式。

制造商品牌——制造商品牌是指某产品应该使用制造商为其设计的品牌来面向最终的客户。传统上，品牌是厂商的制造标记，这是因为产品的研发、设计和生产都是由生产商决定的。当制造商具有良好市场信誉，拥有较大市场份额的条件下，可按制造商品牌（或全国品牌）建立产品品牌。但是当制造商资金能力薄弱，市场营销力量相对不足的情况下，一般不宜使用此种品牌策略。

忠诚营销——忠诚营销是指企业组织围绕和针对建立客户忠诚而全面展开的市场活动和策略。要实现忠诚营销的目标，公司必须拥有较高的服务水平、优秀的员工队伍和有效的管理流程，并且在更大程度上借鉴并运用诸如客户关系管理（CRM）、一对一营销以及数据库营销等理念和策略。在今天这个时代，客户有很多选择。无论满不满意，他们都没有必要对任何公司保持忠诚，所以客户是很容易流失的。而忠诚的客户是最能带来利润的，也是最值得公司管理者关注的。忠诚的客户不需要公司付出经营成本，却能购买公司更多的产品与服务，而且他们还不断地尝试公司的新产品。如果公司的忠诚客户数量不断增加，那么它的经营成本就会相应减少。而且，忠诚的顾客还经常推荐别人购买该公司的产品与服务。企业要想在复杂的全球竞争中保持竞争优势，就必须以客户为中心，这也是建立和保持客户忠诚的关键。以客户忠诚为中心的营销理念对公司来说十分重要，尤其当客户认为该公司与竞争对手实力相当的时候。客户忠诚随着时间的推移而不断地发展。客户忠诚来源于多次愉快的购买体验，这些体验增加了客户的舒适感、信任感和忠诚感。因此，客户忠诚可以被定义为客户的这样一种信念：当客户想买一种他曾经使用过的产品（服务）或者是将来可能需要的产品（服务）时，他首先想到的就是他所认可的公司。毫无疑问，那些能为客户提供较高服务水平的公司往往也拥有较高的客户忠诚。

专利产品——专利产品是指科学研究已形成可操作的应用成果，但尚未进入现实生产过程的发明创造。专利产品有三性：实现性、独有性和应用性。

主品牌——在品牌组合中，主品牌是一种产品的基本参考点。从视觉上看，它通常占有头牌位置。

资产导向型营销——资产导向型营销是一种更加注重企业所拥有的资产实力（产品、服务或品牌）的营销策略。企业凭借资产实力和声望而延伸其产品以促进自身发展的情况很普遍。产品延伸并不一定要以客户的需要或市场调查所显示的客户对于新产品的购买意愿为基础，它可以是企业现有产品提供能力的逻辑延伸。

子品牌——在品牌组合中，子品牌在某个特定的产品市场环境中增强或改善主品牌的价值联想。它的作用是创造一个与主品牌不同的品牌，可以通过增加一个特征，也可以通过增加一个个性元素，以使品牌更适合某个特定的产品或细分市场。

自有品牌——参见零售商品牌。

组织市场营销——组织市场营销是指为了建立、维持或改变目标群体对某个组织的观点和行为而进行的活动。通常而言，营利性组织和非营利性组织大都会采用组织营销方法。

商业企业通过倡导公共关系或企业广告运动来磨砺出自己的形象。企业形象广告是企业针对各类公众进行市场营销的主要工具。企业可运用企业广告建立或保持一个长年的有利形象，或者可以用来抵消某些可能会伤害企业形象的事件。而非营利性组织，如教堂、大学、慈善机构、博物馆和表演艺术团体，进行营销是为了筹集资金和吸引成员或捐赠者。

服装市场营销——服装市场营销是服装企业或组织的过程性管理，其目的是将动态运行中的服装企业或组织对其有限的资源（如：资金资源、货品资源、信息资源、人力资源和市场资源等等）进行合理的配置和优化，以其实现服装企业或组织的经营目标。

多种品牌——多种品牌是指企业在同一类产品中建立两种或多种品牌的战略，这种战略为建立不同的产品特色和迎合不同的购买动机提供了一条途径。建立多种品牌还能使企业稳固占据经销商的货架，或者企业是想通过建立侧翼品牌来保护主打品牌。有时，企业在收购某一竞争企业的过程中继承了不同的品牌名称，并且每一种品牌都有一些忠实的拥护者。最后，企业也为不同的地区或国家建立的品牌，这或许是为了适应不同文化或语言的需要。引进多种品牌的陷阱是，每个品牌仅仅只占领了很小的市场份额，并且可能毫无利润可言。因为公司把资源分配于过多的品牌，而不是为获取高利润水平的少数品牌服务。理想的方法是，一家公司的品牌应蚕食竞争者品牌而不是自相残杀。至少，多品牌战略获取的净利润能大于同类相残后的损失。

参考文献

1. 英汉帕尔格雷夫营销词典．Jonathan Sutherland, Diane Canwell 著．李伟杰、宋炎翻译、康以同审校．北京：中国金融出版社，2007 年 5 月第一版
2. 最新市场营销精要词典．杨东龙主编．北京：中国经济出版社，2003 年 1 月第一版
3. 服装商品企划学．李俊主编．北京：中国纺织出版社，2005 年 1 月第一版
4. 奢侈品营销探讨．倪少瑾等．集团经济研究，2004．10 (168)：130-131
5. 市场营销百科．迈克尔·J·贝克主编，李主译．沈阳：辽宁教育出版社，1998 年 9 月第一版
6. 品牌组合战略，David A. Aaker 著．雷丽华主译．北京：中国劳动社会保障出版社，2005 年 5 月第一版
7. 创建强势品牌．David A. Aaker 著，吕一林等译．北京：中国劳动社会保障出版社，2005 年 9 月第一版
8. 传奇品牌．劳伦斯·维特森著，钱勇等译．杭州：浙江人民出版社，2004 年第一版
9. 中华人民共和国交通部网站 http：//www. moc. gov. cn/05zhishi/wuliugl/t20050310_17331. htm

10. Tim Jackon, David Shaw, Mastering Fashion Buying and Merchandising management, London, Macmillan Press Ltd., 2001. 12
11. 买手国际文化有限公司网站 http：//www.buyer-maishou.com/jgln/gap5.htm
12. CNKI 学术定义搜索 http：//define.cnki.net/